AF314565

ROBERT

ET

BLANCHE.

C'est envain qu'elle lui demande la vie.

ROBERT

ET

BLANCHE,

OU

LES EFFETS DE L'ORGUEIL,

Par l'auteur de Sélisca.

TOME SECOND.

A PARIS,

Chez J. GARNIER, Imprimeur-Libraire,
rue Jean-Robert, près celle St.-Martin.

AN II. — 1803.

ROBERT

ET

BLANCHE.

CHAPITRE PREMIER.

Découverte importante pour la marquise. Évasion de Robert.

ON se souvient sans doute que la marquise avait conservé des doutes sur la mort de Robert ; elle résolut de les éclaircir, à quelque prix que ce fût ; mais, malgré tous ses soins, elle fut longtems sans y réussir. Elle épiait en-vain les démarches du marquis et de son confident; comme ils n'allaient au cachot que dans le silence de

la nuit , elle ne pouvait les appercevoir. Un matin cependant , tan-
dis que le marquis était à la chasse,
elle se mit à, parcourir tous les
coins du château. Dans cette visite il lui prit fantaisie de visiter
la chambre que Robert avait ha-
bitée. En passant auprès de la
porte qui fermait le souterrain ,
elle entendit les aboiemens d'un
chien, c'était celui d'Aurelio qui
l'avait suivi sans qu'il s'en apperçut , et qu'il avait enfermé en s'en
allant. Cette circonstance extraor-
dinaire lui donna des soupçons ,
et elle résolut de les éclaircir sur-
le-champ. Elle fit donc chercher
parmi les clefs du château celle
qui pouvait convenir à cette porte,
mais aucune ne fut capable de
l'ouvrir.

Sa curiosité redoubla, et elle la fit enfoncer aussitôt. Après cette opération , ne voulant pas se compromettre elle - même , elle renvoya tous ses gens et ne garda avec elle qu'un vieux domestique qui l'avait vu naître et en qui elle avait la plus grande confiance. Valentin (c'est le nom de ce vieux serviteur) alluma un flambeau , se munit en outre d'un briquet , et tous deux prirent le chemin du souterrain.

Après avoir descendu environ quarante marches , ils se trouvèrent de plain pied , mais , à leur grande surprise , une grille de fer leur ferma le passage. Cet incident désespéra madame de... , qui se persuadait avec raison que tant de précautions couvraient quelque mystère.

Cependant l'embarras d'ouvrir cette porte lui paraissait insurmontable. Valentin dont le zele ne se rebutait pas aisément, la pria de l'attendre, et malgré sa frayeur, il la laissa seule et remonta chercher les outils les plus propres à forcer la grille. Il fut bientôt de retour, et travaillant avec un courage au-dessus de ses forces, il parvint à faire sauter la gache : ils continuèrent alors leur route avec l'espérance de ne plus rencontrer d'obstacles. Ils se trompaient cependant, et ils eurent encore trois grilles à ouvrir. Toutes ces operations allongeaient leur voyage, et ils craignaient le retour du marquis. Heureusement que madame de... avait eu soin de défendre aux domestiques de

parler à leur maître de l'ouverture de la première porte , et
qu'elle - même l'avait repoussée
avec beaucoup de précaution ;
cela la tranquillisa un peu , et
elle continua d'avancer , appuyée
sur le bras du bon Valentin ,
qu'elle serrait avec force , tant
elle était effrayée de se trouver
dans cet affreux endroit. La puan-
teur de l'égout vint bientôt frapper son odorat , et elle reconnut
alors que cet immense souterrain
traversait tout le château. Ils arrivèrent de la sorte jusqu'à la
porte du cachot où le malheureux
prisonnier languissait depuis neuf
mois. En approchant, elle entendit
distinctement une voix plaintive
prononcer le nom de Blanche.
« Il n'en faut plus douter , s'é-

cria-t-elle, Robert respire, ... »
Le captif, de son côté, entendant
un bruit qui n'était pas ordinaire,
suppliait d'une voix mourante
qu'on eût pitié de lui. « N'en dou-
tez pas, lui dit-elle, je vais faire
tous mes efforts pour ouvrir la
porte de votre prison. » Cet ouvrage ne fut pas difficile, car Aurelio, voyant l'affaiblissement de
son prisonnier, ne fermait plus
que les verroux. Ils trouvèrent le
malheureux Robert couvert de
lambeaux, chargé de chaines, et
couché sur du fumier que les ani-
maux les plus vils n'auraient pas
voulu fouler de leur corps.

La marquise fondit en larmes;
pour lui, il s'évanouit en la reconnaissant : elle lui prodigua
tous les secours qui étaient en son

pouvoir ; ensuite, aidée de Valentin, elle essaya de le lever ; mais tous leurs efforts furent inutiles, et jamais l'infortuné ne put se tenir debout. Ce nouvel incident jeta la marquise dans une perplexité extrême ; mais le courage de son vieux serviteur vint encore la tirer de ce surcroît d'embarras. Il prit Robert sur son dos, et se hâta de le tirer de cet horrible séjour. La marquise marchait devant ; elle monta la première pour s'assurer que rien ne pouvait troubler leur démarche ; elle ne vit personne, cet endroit du château étant absolument désert. Il s'agissait de savoir où on pourrait déposer ce malheureux jeune homme, pour qu'il ne fût point apperçu. Valentin n'hésita pas : « La salle des bains ,

dit-il à sa maîtresse, n'est pas très-
éloignée d'ici ; il faut bien vîte vous
y enfermer avec lui ; pendant ce
tems j'irai lui chercher des habits et
quelques confortatifs. La marquise
approuva ce dessein, et il fut exé-
cuté suivant le plan de Valentin.
On plaça Robert sur un lit de re-
pos, et Valentiu se mit en devoir
de briser ses fers ; ce ne fut pas
sans peine qu'il put y parvenir : il
y réussit cependant, et après qu'il
eut pris quelque légère nourriture,
Valentin le rasa et le revêtit de la
tête aux pieds. Quand cette besogne
fut achevée, Robert qui avait re-
pris ses sens, remercia sa libératrice du service important qu'elle
venait de lui rendre. « Vous ne me
devez rien, lui dit madame de. . .,
depuis longtems je gémissais de

votre perte, et je suis trop heureuse de vous avoir retrouvé. ajouta-t-elle en s'interrompant elle-même : les momens sont précieux, il faut en profiter ; ce n'est pas assez de vous avoir fait sortir de votre affreux cachot, il faut éviter d'autres malheurs qui ne manqueraient pas d'arriver, si vous étiez apperçu. C'est encore à toi, dit-elle au domestique, que je me fie pour lui ouvrir les portes, avant que mon époux soit de retour de la chasse.

» — Ce n'est pas le plus facile, reprit Valentin ; mais, pour vous prouver mon zèle, je vais tenter l'entreprise, je doute seulement, après cette aventure qui va exciter toute la fureur de votre époux, que je puisse rester ici.

—« Hé bien ! lui dit Robert , vous viendrez avec moi , et vous partagerez ma fortune jusqu'à un tems plus heureux.

— » Oui, dit madame de .. , charmée de le voir entre les mains de son fidèle domestique, vous partirez avec lui, et j'aurai soin que vous n'ayez pas lieu de vous en repentir. » Valentin ne répondit point, mais il courut à sa chambre prendre à la hâte quelques-uns de ses effets ; il fut ensuite seller un cheval et l'amena à une petite porte du parc, qui avoisinait la salle des bains; il vint ensuite. «Tout est prêt, dit-il à Robert , hâtons-nous de partir d'ici. » Madame de . . . essuya quelques larmes que le départ de Robert faisait couler. « Allez, lui dit - elle, malheureux jeune homme , et croyez que dans quelque lieu que vous portiez vos pas , ma tendresse pour vous vous accompagnera. «

Robert voulut mettre un genou à terre pour la remercier de ses bienfaits, mais la marquise ne voulut pas le souffrir ; elle le releva et l'embrassa tendrement, puis ayant donné sa bourse à Valentin , elle lui enjoignit de lui écrire sitôt qu'il serait en sûreté , voulant absolument fournir tout ce qui serait nécessaire au jeune homme , jusqu'à ce qu'il eût mis ordre à ses affaires. Après que Valentin lui eut promis de la satisfaire, il emmena Robert jusqu'à la porte, le plaça sur le cheval, et montà lui-même en croupe , afin de le soutenir. Après de nouveaux adieux que madame de... avait bien voulu prolonger, nos deux fugitifs s'éloignèrent aussi vîte que la faiblesse de mon héros pouvait le permettre ; sa libératrice le suivit quelque tems des yeux, elle ferma ensuite soigneusement les portes, et regagna son appartement.

CHAPITRE II.

Il était tems.

A peine la marquise était-elle de
retour chez elle, que le bruit du cor
se fit entendre et lui annonça le retour de son époux ; elle fut au-devant de lui et le félicita sur la
quantité de gibier qu'il avait tué ;
ils passèrent ensuite dans la salle
à manger, où le comte et sa femme
les attendaient pour dîner ; le repas
fut moins triste que de coutume,
et la marquise, ravie de son expé-
dition, ne contribua pas peu à
l'égayer. Tout allait bien jusques-
là ; mais, l'après-dîner, Aurelio se

ressouvint qu'il n'avait pas porté d'eau à son prisonnier, et se mit en devoir de réparer cet oubli : il prit donc secrètement la petite cruche qui servait à cet usage, et s'achemina vers le lieu qui renfermait la victime du barbare M. de... Il va pour ouvrir la porte : ô rage ! ô désespoir ! cette porte est forcée. Il court, se précipite et voit clairement, à l'ouverture de la première grille, que Robert a été enlevé, car il n'était pas possible qu'il eût fui par lui-même. Dans le trouble qui l'agite, le scélérat Aurelio ne sait s'il doit garder le silence, ou avertir son maître ; il craint de passer pour l'auteur de cet événement, et de quelque manière qu'il se conduise, les mêmes inconvéniens viennent s'offrir à

son imagination égarée. Après
avoir réfléchi pendant quelques
instans, il résolut de braver l'o-
rage et d'avertir le marquis que
Robert n'était plus en son pouvoir.

Qui pourra peindre la fureur de
cet homme vindicatif, en apprenant cette nouvelle qui renversait
tous ses projets de vengeance ; sa
colère fut telle que le perfide Aurelio n'eut que le tems de fuir pour
se soustraire à son ressentiment ;
il l'aurait tué s'il eût pu l'atteindre,
et son confident ne voulant pas
s'exposer au châtiment dont il le
menaçait, fit bien vîte ses paquets
et sortit du château sans réclamer
ses gages ; il en avait d'ailleurs peu
besoin, puisque son maître avait
payé avec usure le crime qu'il lui
avait fait commettre. Son départ

ne ralentit point la fureur du marquis, et on en a vu les effets dans
le dernier chapitre du premier
volume.

CHAPITRE III.

Explication désagréable pour Robert.

IL n'avait pas osé demander à la marquise des nouvelles de sa fille, il aurait craint de ralentir sa bonne volonté pour lui ; mais il n'en fut pas de même avec Valentin, et il l'accabla de questions si multipliées, que le vieux domestique ne pouvait trouver le tems d'y répondre. Il profita d'un instant où Robert reprenait haleine pour lui apprendre que sa maîtresse était mariée. Le désespoir du jeune homme, à cette nouvelle, fut si violent, qu'il pensa lui être funeste : Valentin ne voulant pas l'accabler, ne lui donna aucun détail sur les circonstances qui avaient forcé son amie de s'unir au comte, il l'assura seulement qu'elle y avait été contrainte, et qu'elle le pleurait toujours avec autant d'amertume qu'à l'instant de sa feinte mort. Robert, d'après les protestations de Valentin, ne conserva aucun ressentiment contre sa malheureuse amie ; mais il ne put se consoler de son cruel mariage, et il vit bien qu'elle était perdue pour lui. « Elle est, disait-il à son vieux domestique, bien moins malheureuse que moi ; elle me croit mort, et moi je sais qu'elle existe, et je suis forcé de la voir, sans oser m'en plaindre, dans les bras d'un rival fortuné qui ne sent pas, j'en suis sûr, tout le prix de son bonheur. »

Valentin ne chercha point à contrarier sa douleur; mais cependant, comme l'imprudent jeune homme voulait retourner au château, et avoir un moment d'entretien avec Blanche, le bonhomme l'assura que c'était inutile, puisqu'elle devait partir peut-être le même jour pour la terre de son époux :«tâchez plutôt, lui dit le fidèle serviteur, de songer à vous rétablir, et ensuite nous marcherons sur les traces de celle que vous aimez; chercher à la voir dans ce moment-ci, ce serait nous exposer tous deux aux plus fâcheux accidens.»

Robert finit par se rendre aux raisons du vieillard, et étant descendus dans une auberge écartée du grand chemin, mon héros se mit au lit pour se reposer jusqu'au lendemain ; il comptait bien se mettre en route de très-bonne heure, mais cela fut impossible, et il resta quinze jours dans cet endroit avant de pouvoir aller plus loin. Valentin écrivit à madame de . . ., pour l'instruire de leur séjour dans cette auberge, et des motifs qui les y retenaient. Fidèle à sa promesse, la marquise écrivit à Robert une lettre fort tendre, dont il se serait bien passé : elle lui envoya cinquante louis, infiniment plus utiles pour lui que toutes les épîtres amoureuses dont elle pouvait le gratifier. Il la remercia cependant par le même courier, et se trouvant beaucoup mieux, il se remit en route.

CHAPITRE IV.

Surprise désagréable.

MALGRÉ l'impatience que mon héros avait de retrouver sa maîtresse, il réflechit qu'il devait songer à tirer son père de l'état affligeant où la nouvelle de sa mort l'avait sans doute réduit : pour y parvenir, il proposa à Valentin de se rendre à Paris. Celui-ci qui se trouvait, par les ordres de sa maîtresse, attaché au service du jeune homme, n'hésita point à le suivre. Ils vinrent dans la capitale ; Robert, à son arrivée, se hâta d'envoyer Valentin chez son père, il ne voulait pas s'y présenter lui-même, de peur de l'effrayer par une apparition subite et inatten-due. Valentin ne trouva personne chez le vieux Robert ; les scélés étaient par-tout, et une voisine qui en était gardienne, lui apprit que quelques jours après la mort de son fils, le bonhomme avait été enlevé en vertu d'une lettre-de-cachet.

Cette nouvelle fut un coup de foudre pour l'ame sensible de son fils ; il vola chez le notaire qui avait ses affaires entre les mains : il commençait à faire nuit lorsqu'il entra dans l'étude. A son aspect, tous les clercs se levèrent et s'en-fuirent jusques dans le cabinet du notaire qui, ne comprenant pas trop ce qui pouvait les effrayer,

leur demanda gravement le sujet
de leur extravagance. « Ah ! monsieur, il est là, s'écria le plus jeune, en se couvrant le visage d'une
de ses mains.

— » Et qui , là ?

— » Hélas ! monsieur, Robert,
le fils.

— » Vous extravaguez ; il est
mort.

—» Et justement, monsieur, c'est
parce que nous savons cela, que
sa présence nous effraie. »

Le grave M. Bertrand sourit de
pitié, haussa les épaules et s'a-
vança d'un air composé vers l'é-
tude ; en le voyant, toute sa fer-
meté l'abandonna bientôt, et il s'en
retourna beaucoup plus vite qu'il
n'était venu. Cependant sa fuite ne
fut pas si heureuse que celle de

ses clercs ; car ayant heurté son
pied contre l'un des bureaux , il
tomba dessus, et si rudement qu'il
perdit dans sa chûte deux dents
qui lui restaient, et envoya sa perruque au travers du nez de Robert
qui s'avançait pour le retenir. Au
bruit effroyable que cette scène faisait dans l'étude, les clercs croyaient
que l'ombre qu'ils avaient apperçue bataillait avec le notaire, pour
de l'argent que celui-ci avait su
s'approprier. Au lieu de venir à
son secours, ils s'enfermèrent de leur
mieux, craignant encore assez que
le terrible revenant ne passât par le
trou de la serrure.

Pendant qu'ils prenaient ainsi
leurs précautions , Robert faisait
tout son possible pour rassurer
le notaire et l'aider à se lever ;

ce ne fut pas sans peine qu'il vint
à bout de l'un et de l'autre ; et
il fallut lui donner à la hâte quelques détails , pour lui persuader
que Robert était vivant. Revenu
de sa frayeur, M. Bertrand, après
avoir rincé sa bouche et replacé
sa perruque, se fit ouvrir la porte
de son cabinet , et y entra avec
Robert , au grand étonnement des
jeunes gens , qui ne pouvaient revenir de voir leur maître causer
familièrement avec ce prétendu
spectre. Alors il fut question d'affaires , et le jeune homme apprit
que son père, muni de son extrait
mortuaire , s'était présenté pour
retirer les fonds qu'il avait entre
les mains. « Je les lui ai remis ,
continua cet homme , mais quelques jours après , on l'a enlevé

de chez lui par ordre du roi : j'i-
gnore dans quelle prison il a été
conduit ; mais tout ce que je sais ,
c'est qu'il y a huit mois que je
n'en ai entendu parler; on a mis les
scellés chez lui , et , selon toute
apparence , son bien sera confis-
qué au profit de la couronne.

Robert fut anéanti de ce nouveau malheur. Le notaire le con-
sola de son mieux et lui conseilla
de faire toutes les démarches né-
cessaires pour obtenir justice contre les vexations de M. de....

« J'en serais bien fâché, lui dit
Robert , c'est assez qu'il soit le
pere de Blanche , pour que je
ménage sa réputation , malgré ses
atrocités ; d'ailleurs sa fortune et
son crédit le mettraient toujours
à l'abri de mes poursuites , et ce

serait peut-être m'exposer à de nouvelles disgraces. »

Le notaire convint qu'il avait raison. « Si vous ne savez , lui dit-il , quel parti prendre, je vous offre une place chez moi , quoique peu lucrative , elle vous mettra du moins à l'abri du besoin, et vous jouirez ici de tous les égards qui vous sont dus. »

Robert le remercia de ses offres , sans pourtant les refuser ; M. Bertrand lui ayant proposé une avance de cent louis , celui-ci l'accepta , pour ne pas être à charge à la marquise.

En quittant le notaire, il le pria de faire tout son possible pour être instruit du sort de son malheureux père ; il s'en retourna à son auberge, déplorer de nouveau le malheur qui le poursuivait.

CHAPITRE V.

Le Tombeau.

Dès le lendemain, Robert partit pour tâcher de découvrir les traces de sa bien aimée. Cela était un peu difficile, parce que Valentin ignorait où était S... ; cependant, d'après le peu d'indices qu'ils pouvaient avoir, ils prirent le chemin de la province de..., et descendirent dans un village voisin de S..., deux mois après que Blanche y etait arrivée.

Il s'informa à l'aubergiste de ce qu'il leur importait de savoir : cet homme leur apprit que S... était à deux lieues de là ; ils n'en demandèrent pas davantage , et en prirent aussitôt le chemin. Quand ils furent arrivés , Robert s'informa aux paysans de ce qu'étaient les maîtres du château : on lui dit que monseigneur était un homme très-doux à ses vassaux : « Pour madame la comtesse , continua le paysan , elle est très-charitable , et fait beaucoup de bien ; mais on la voit rarement ; elle ne sort que le dimanche , pour aller à la messe ; elle est toujours fort triste et n'a pas l'air heureuse.»

Robert sentit son cœur déchiré à ce cruel récit ; il vit clairement que Blanche avait été sacrifiée, et il la plaignait autant qu'il se plaignait lui - même. Il quitta le paysan , et continua son chemin.

En passant près de l'église, l'envie de voir les lieux que visitait la comtesse le porta à y entrer. Il fléchit les genoux auprès de la chapelle où elle se mettait, et il n'est pas besoin de dire au lecteur à quelle divinité il offrit son hommage. Un mouvement de curiosité le conduisit au cimetière; quelle fut sa surprise, quand il apperçut le tombeau ! il ne douta plus alors que l'amour de son amie ne fût toujours le même : cette découverte l'assura aussi que la comtesse était bien celle qu'il cherchait. Il versa de douces larmes de reconnaissance, et sortit ensuite avec Valentin qui l'avait suivi. Il retourna à son auberge, bien résolu de tout tenter pour la voir au moins une fois. Il effectua son projet, sitôt qu'il eut dîné, et il partit seul, recommandant à Valentin de ne pas s'inquiéter, parce qu'il ne reviendrait que le soir.

Il espérait pouvoir rejoindre Thérèse, il désirait lui parler avant de s'offrir aux yeux de la comtesse, à qui sa vue pourrait être nuisible, d'après la persuasion où elle était de sa mort. Il résolut donc de guetter l'instant où cette fille sortirait, pour se présenter à elle, et il alla s'asseoir sur un banc de pierre qui se trouvait vis-à-vis la porte du château. Il y resta envain plus de deux heures ; Thérèse ne parut point. Ennuyé d'une si longue séance, il se leva et prenant les derrières, il gagna les murs du parc. Il fut ravi

de voir qu'il y avait plusieurs
grilles donnant sur le chemin ; il
espéra que par le moyen d'une
de ces grilles il pourrait appercevoir quelqu'un qui lui donnerait
des nouvelles de celle qui lui était
chère. Il s'approcha donc, mais
il eut beau jeter les yeux sur l'immense étendue du parc qui s'offrait à ses regards, il ne vit rien.
Un coup d'œil moins rapide lui fit
appercevoir plusieurs charmilles
très-hautes et très-touffues, il pensa avec raison qu'elles pourraient
bien servir à lui cacher son
amante. Tout occupé de cette
idée, il prête une oreille attentive ;
il croit entendre une voix de
femme ; son cœur palpite, son
ame toute entière a passé dans ses
oreilles et dans ses yeux ; il ne

voit plus rien, n'entend plus que cette voix chérie, car il est persuadé que c'est celle de sa bien aimée. Pour en être plus sûr, il redouble d'attention et retient son haleine, de peur de perdre un seul des mots qu'elle pourra prononcer. O dieu ! que devint-il quand aux sons languissans d'une harpe harmonieuse, la voix la plus douce se fit entendre, et chanta langoureusement ces paroles :

O mon Robert, dans ce séjour,
Ta malheureuse amie
Languit pour toi, et meurt d'amour,
Hélas ! pour toi, perdra la vie.
Oui, mon Robert, ta malheureuse
amie
Languit pour toi, et meurt d'amour,
Pour toi perdra la vie.   *bis.*
Hélas ! pour toi, perdra la vie.

    Afin de pouvoir conserver
De ton fils l'existence,
  Il fallut, hélas ! m'immoler,
  Et vivre ici dans la souffrance.
  O mon Robert ! que ton ombre
      chérie
En faveur d'un objet si cher,
Pardonne à ton amie,   *bis.*
Pardonne, hélas ! à ton amie.

    Faut-il que le fer assassin
Qui t'arracha la vie,
N'ait pas aussi perçé le sein
De ta fidèle et tendre amie.
Vœux superflus ! O Blanche infor-
      tunée !
Le malheureux Robert n'est plus,
Pleure ta destinée   *bis.*
Pleure à jamais ta destinée !

Robert avait bien reconnu la
voix de son amie, elle avait cessé
de chanter, qu'il l'écoutait encore.
Il voulut s'écrier, mais il lui fut
impossible, et il resta immobile.

Cependant la comtesse s'étant le-
vée, il la vit de très-loin repren-
dre le chemin du château, appuyée sur Thérèse qui portait un
enfant. Oh ! comme son cœur pa-
ternel s'élança vers cette innocente créature, qui lui appartenait et dont il lui était défendu
d'approcher ! Blanche et son fils
étaient déjà rentrés dans l'inté-
rieur du château, qu'il croyait
les voir encore. Comme la harpe était restée, il pensa que Thérèse reviendrait la chercher, et
il se promit bien de l'appeller,
sitôt qu'il la verrait.

Il attendit longtems ; mais, au
lieu de Thérèse, il vit parraître
un laquais qui vint chercher l'ins-
trument. Se doutant bien que son
séjour dans cet endroit devenait

inutile pour ce jour-là, il retourna à son auberge , rejoindre son fidèle Valentin.

Il lui raconta avec transport ce qui lui était arrivé : « Oh ! Valentin , lui dit-il . je l'ai vue , j'ai entendu sa voix touchante ; elle me pleure , et croit toujours que je n'existe plus. Plût au ciel , hélas qu'elle ne se trompât pas ! je n'aurais pas la douleur de la voir entre les bras d'un autre ! »

. —» Monsieur , interrompit Valentin qui n'était pas amoureux , il n'y a que la mort qui soit un mal sans remède ; cependant elle pourrait vous rendre un grand service , si, par exemple, elle venait faire une visite au comte de S..., c'est alors que vous auriez raison de la trouver aimable.

—» Comment voulez - vous , dit Robert, que j'aie cette espérence ? le comte n'a pas trente-six ans : il a sans doute encore de longues années à vivre , et la douleur terminera dans peu la carrière de sa malheureuse épouse et la mienne ; ainsi vous voyez que tout espoir m'est interdit , je suis malheureux pour toujours.

—» Ne vous affligez pas ainsi , mon cher maître , reprit son domestique , et voyons seulement quels moyens vous prendrez pour vous faire connaître, sans éveiller les soupçons du comte de S... ; je n'en sais qu'un, continua-t-il, c'est de retourner demain où vous avez été aujourd'hui , et de vaincre votre tristesse , pour chanter quelque chose qui puisse fixer l'attention de la comtesse. »

Robert adopta volontiers ce conseil, et il se coucha de bonne heure, pour rêver à sa maîtresse et aux couplets qu'il voulait faire pour elle.

CHAPITRE VI.

Le lendemain.

QUAND Robert se leva, la pluie tombait par torrens, et il eut tout le tems de maudire son étoile, qui semblait le poursuivre sans cesse, et lui ravir jusqu'aux moindres consolations. Le même tems continua jusqu'à midi, mais enfin, à cette heure, le tems parut s'élever, l'azur des cieux remplaça les nuages qui jusqu'alors avaient obscurci l'horison ; les rayons du soleil vinrent éclairer et réjouir la nature, et mon héros sentit plus que personne leur bénigne influence. Dans la belle saison, quelques heures suffisent pour effacer les traces de la pluie; aussi, à trois heures, était-il possible de jouir du plaisir de la promenade. Robert n'en attendait pas davantage, et espérant encore que Blanche pourrait sortir, il quitta l'auberge et courut promptement se poster près de la grille qui le séparait de l'objet de ses vœux. Pendant qu'il attend avec l'impatience de l'amour malheureux, nous allons voir de quoi s'occupait Blanche.

La matinée l'avait autant ennuyée que Robert, quoiqu'elle n'eût pas la même espérance. Le parc était le seul endroit du château où elle se trouvât à son aise; le comte l'y suivait rarement : sa

harpe , sa romance, son fils , et
Thérèse , étaient les seuls témoins
dont la présence ne la gênât pas;
dans ce lieu solitaire elle se livrait
sans reserve à tous les sentimens,
et c'était avec une sorte de plaisir qu'elle s'y occupait de la mé-
moire de Robert ; elle croyait le
voir applaudir à ses chants , elle
s'imaginait entendre sa voix la
remercier de ses regrets , et de
son souvenir ; elle oubliait alors
un moment sa douleur ; ses yeux
étaient baignés de larmes et sa
bouche souriait en même tems :
cet état à la fois délicieux et pénible, durait peu : une voix sépul-
crale faisait retentir au fond de son
cœur ces terribles paroles : *Robert n'est plus!* ce souvenir amer
détruisait alors les illusions du

bonheur qu'elle avait goûté un instant, et la cruelle vérité s'offrait à ses yeux et ramenait avec elle le sentiment de ses malheurs.

Sitôt qu'on fut sorti de table, la comtesse voyant les nuages dispersés, se disposa à sa promenade ordinaire ; mais le comte exigea d'elle qu'elle ne s'y assiérait pas à cause de l'humidité, et pour être sûr qu'elle n'enfreindrait point sa promesse, il lui offrit son bras, en demandant à l'accompagner, Blanche aurait eu mauvaise grace à refuser son époux ; ils partirent donc ensemble pour faire le tour du parc, Thérèse prit l'enfant et les suivit. La porte du vestibule par où la comtesse descendit était absolu-

ment en face de la grille auprès
de laquelle Robert était placé ,
que devint-il , en appercevant
son amante qui s'avançait appuyée sur le comte ! Thérèse était
à la gauche de celui-ci qui flattait
de la main le petit innocent qui
élevait vers lui des mains cares-
santes. Blanche semblait regarder
son époux avec bienveillance , et
le remercier de l'intérêt qu'il prenait à son fils. Tous les serpens de
la jalousie vinrent alors déchi-
rer le cœur sensible de l'impé-
tueux jeune homme , et il n'y a
pas de doute que si l'excès de sa
fureur n'eût étouffé sa voix, il aurait fait un éclat qui l'aurait im-
manquablement perdu et la comtesse avec lui. L'amour ou le hasard le tira de cet état funeste ;

un domesttque accourut sur les pas de son maître , et l'emmena avec lui : ilquitta son épouse en lui baisant la main , et avec un geste qui semblait annoncer que son absence ne serait pas bien longue.

Robert néanmoins résolut d'en profiter ; pour y parvenir, il se retira de devant la grille, parce que Blanche venait toujours de ce côté, et quand il reconnut au son de sa voix, qu'elle était à portée de l'entendre , malgré la vive émotion qu'il éprouvait, il chanta les couplets qui suivent :

Ton Robert vit encore,
C'est pour pleurer son malheur,
Et toujours Robert t'adore,
Malgré sa profonde douleur.
Blanche, ma bien aimée,
Ton cruel himenée
Nous ravit le bonheur   *bis*
Nous ravit le bonheur,   *bis*

Puisque tu possèdes un gage,
Fruit du plus ardent amour,
Un funeste mariage
Doit-il t'engager en ce séjour,
O Blanche ! ô mon amie !
C'est Robert qui t'en prie,
Fuis loin de ce jour,   *bis*
Fuis loin de ce séjour.   *bis.*

Blanche entendit à peine la fin de ces couplets, elle jeta un cri douloureux, et tomba évanouie dans les bras de Thérèse. Le malheureux jeune homme qui l'avait entendu crier, comprit bien, au silence qui régnait alors, qu'il était arrivé quelque malheur, s'inquiétant peu dans ce moment du danger qu'il pouvait courir, il s'approcha de la grille, et vit sa malheureuse amante couchée sur l'herbe, et ne donnant aucun signe de vie. A cet aspect son désespoir l'emporta, il se frappait la tête contre les barreaux qui l'empêchaient de voler à son secours ; il l'appelait des noms les plus chers. A ses cris redoublés, Thérèse tourna la tête, et le reconnut malgré le changement de ses traits ; elle avança quelques pas. « Au nom du ciel monsieur, lui dit-elle, si toutefois c'est bien vous, ne causez pas la mort à ma maîtresse, retirez-vous, demain je ferai ensorte de vous entretenir et d'apprendre de vous par quel heureux accident vous êtes ressuscité. Robert n'osant pas résister, dans la crainte de devenir nuisible à celle qu'il aimait, prit le parti de s'en aller, après avoir dit à Thérèse qu'il logeait au cheval blanc ; il s'en retourna chez lui, le cœur navré de douleur.

CHAPITRE VII.

Ce qui se passe au château de S... ; transports jaloux du comte.

BLANHCE était encore évanouie quand le comte revint dans le parc. Il fut surpris de la trouver dans cet état, et il demanda à Thérèse ce qui pouvait avoir causé cet accident. Cette fille, craignant son courroux, n'osa lui répondre, et continua de donner ses soins à la comtesse. L'infortunée ouvrit enfin les yeux ; le comte la soutenait dans ses bras, et lui demanda tendrement le sujet de son indisposition. Blanche tourna vers lui ses yeux languissans. « J'ai besoin, plus que jamais, lui dit - elle, de toute votre pitié ; je l'ai entendu, il n'est point mort.

— » Qui ?

— » Robert.

— » Robert ! s'écria le comte, vous vous abusez, mon amie, c'est un effet du délire de votre imagination ; Robert n'existe plus, vous le savez comme moi ; ainsi, reprenez vos sens, et ne vous livrez pas davantage à une chimère qui vous rendrait malheureuse.

— « Ce n'est point une erreur, lui dit tristement sa malheureuse compagne, je l'ai bien entendu, j'ai reconnu sa voix, et, si j'en croyais mes yeux, je pourrais vous assurer que je l'ai entrevu.

Il n'est donc que trop vrai que le malheureux Robert vit encore ; hélas ! vous m'avez cruellement trompée, vous vous êtes uni à mes parens pour me précipiter dans un abîme de malheurs ; je croyais vous devoir de l'estime et de la reconnaissance, je vous accordais l'un et l'autre ; mais à présent que je connais votre perfidie, je n'ai plus pour vous que la haine et le mépris que méritent vos lâches procédés! »

Après ces paroles, Blanche se dégagea avec effort des bras de son époux, et, ranimant le peu de force qui lui restait, elle prit son fils et regagna son appartement. Le comte était resté immobile de fureur et de surprise ; il

crut, pour un moment, que l'esprit de sa femme était aliéné. Cependant, voulant s'en éclaircir,
il ordonna à Thérèse de lui donner
l'explication de cette singulière
scène.

Thérèse hésitait encore ; cependant, le désir de justifier sa maîtresse aux yeux de son époux,
changea ses dispositions, et elle
raconta à M.S... tout ce qui s'était
passé. Le comte resta stupéfait :
« Je vous jure, dit-il, que je n'ai
point été complice de la trahison
de mon beau - père ; j'ignore par
quel affreux forfait on a pu soustraire ce jeune homme, et le faire
passer pour mort : vous pouvez
assurer la comtesse de mon inno-
cence à cet égard ; d'ailleurs mes
procédés envers elle devraient lui

avoir donné de moi une meilleure opinion : je vois clairement que la folle passion qui l'occupe, nous rendra à jamais malheureux l'un et l'autre. Mais, ajouta le comte avec fureur, il ne sera pas dit que je m'immolerai entièrement à ses caprices insensés ; je n'ai d'autres reproches à me faire que de l'avoir trop aimée : mon amour méritait sans doute plus de retour de sa part, puisque tous mes soins ont été inutiles, et qu'un nouveau contretems vient troubler le peu de tranquillité dont je jouissais, vous pouvez l'assurer que je lui ferai éprouver les mêmes désagrémens qu'elle me cause. »

Thérèse laissa passer ce premier transport ; elle essaya ensuite de le ramener par degrés à des sentimens plus doux, elle y parvint facilement: le comte était passionné pour sa femme, et ne demandait pas mieux que de la trouver innocente ; d'ailleurs, après un instant de réflexion, il pensa que l'inconnu qui causait tout ce désordre, ne pouvait pas être Robert. Comment douter, en effet, de ce qui s'était passé sous ses yeux : Blanche elle-même n'avait-elle pas vu le corps de son amant, avant qu'il fut enterré ; d'ailleurs, par quel moyen M. de... aurait-il pu se procurer un cadavre, et soustraire Robert tout vivant, aux yeux de tous les habitans du château. Pour deviner la vérité, il aurait fallu connaître à quel point M. de... était vindicatif, et c'est ce que le comte ignorait. Pour s'éclaircir sur cet éton-

nant mystère, M. S. . . . résolut
d'interroger le prétendu Robert,
et il donna à Thérèse l'ordre de le
faire chercher par tout le village.
Thérèse n'osait lui avouer qu'elle
savait bien où le trouver, elle
se contenta de lui demander ce
qu'il prétendait faire de cet homme. « Si c'était un imposteur, le
faire punir sévèrement, lui dit le
comte.

— » Et dans le cas contraire?

— » Le plaindre, l'assurer de
mon estime, lui être utile, si je
puis ; mais le prier de s'éloigner,
pour ne pas troubler par sa présence non-seulement ma tranquillité, mais ausssi celle de mon épouse.»
Thérèse le voyant dans de sembla-
bles dispositions, ne balança plus
et lui découvrit quelle était l'au-

berge où logeait notre héros. Son maître, ravi d'avoir cet indice, envoya sur-le-champ deux de ses gens chercher Robert, avec ordre d'avoir pour lui les plus grands égards ; mais s'il refusait de se rendre à l'invitation du comte, ils devaient s'assurer de sa personne, et empêcher qu'il ne s'échappât.

CHAPITRE VIII.

Surprise de Robert ; entrevue singulière.

———

ROBERT fut bien étonné du message qui lui était adressé. Valentin ne voulait pas qu'il s'exposât à la merci du comte ; mais Robert, dont la grandeur d'ame égalait les malheurs, rejeta loin de lui toute idée de crainte. « Je ne puis croire, dit-il, que M. S..... veuille se rendre complice des crimes de son beau-père : jamais je ne lui ai fait aucune offense, et j'ai plus de reproches à lui faire qu'il ne pourra ne m'en adresser ; pourquoi donc craindrais-je sa présence ? Allons, ajouta-t-il , en s'adressant aux domestiques , je suis prêt à vous suivre. » Valentin voulait l'accompagner , il le refusa et partit.

En arrivant au château,il fut introduit dans un salon où le comte l'attendait : il se présenta devant lui avec cette noble assurance qui ne le quittait point. Quoique M. S.... ne l'eût vu que deux fois à Paris, elle le reconnut aussitôt et recula deux pas : « Si vous n'êtes pas Robert, lui dit - il , une ressemblance bien frappante avec lui pourra tromper tous ceux qui vous verront.

— » Il n'est que trop vrai que j'existe, lui dit le jeune homme ; plût au ciel que je fusse ce que je passe pour être , je serais plus heureux ; pour vous prouver la vérité, ajouta-t-il, voyez cette cicatrice ». Alors il lui montra sa poitrine et lui fit voir les traces du coup d'épée qu'il avait reçu du marquis. Le comte ne pouvait plus douter que celui qu'il voyait était le véritable Robert, et il se promena pendant quelques minutes, avec tous les signes d'une violente agitation ; il se tourna ensuite vers le jeune homme : « veuillez croire, lui dit-il, que j'ai toute ma vie ignoré ce mystère d'iniquité, si j'en eusse été instruit, nous serions tous deux moins à plaindre.

—» Hélas! lui dit Robert, vous êtes l'époux de Blanche, et moi je j'ai perdue pour toujours.

—» Nous sommes, dit S...,

trois êtres bien infortunés; » et il recommença à marcher en se frappant le front. Après quelques instans, il reprit un air plus calme, et se rapprocha de Robert. « De grace, lui dit-il, daignez m'instrure de toutes les particularités de votre déplorable aventure. » Alors il l'engagea à s'asseoir, et Robert lui raconta, dans le plus grand détail, tout ce qui lui était arrivé. Le comte frémit d'horreur à ce récit, et donna quelques larmes au souvenir des maux que Robert avait endurés. Son air sincère ne permit pas à son malheureux rival de former le moindre soupçon contre sa délicatesse. Après un assez long silence, M. S. lui adressa de nouveau la parole. « Sans le savoir, dit-il, j'ai fait votre mal-

heur et celui de votre amie ; puisque le mal est fait , tâchons de ne
pas l'aggraver par d'inutiles im-
prudences ; vous êtes sans doute
trop honnête homme pour détour-
ner la comtesse de son devoir ; je
la crois d'ailleurs trop vertueuse
pour y consentir : ainsi, toutes les
démarches que vous pourriez faire
ne serviraient qu'à augmenter ses
peines et les vôtres. Montrez-vous
donc généreux , éloignez - vous
d'ici ; l'honneur, l'amour - même
vous y engage ; croyez que je serai
aussi reconnaissant à votre égard
de votre délicatesse, que si le titre
d'époux ne me donnait pas le
droit de soustraire Blanche à vos
poursuites.

— » Que je m'éloigne, interrompit Robert, d'une voix entre-

coupée de sanglots, vous oubliez donc que les liens les plus sacrés l'unissaient à moi avant qu'elle fut à vous ; que j'étais l'époux de son cœur, le père de son enfant ; que de titres aux yeux même de la divinité ! et vous ne craignez pas d'exiger de ma part le plus grand sacrifice ! Demandez-moi ma vie, je n'hésiterai pas ; mais que je renonce à Blanche, ce trait est au-dessus de mes forces : » et le jeune homme pleura amèrement.

Le comte laissa passer ce premier moment ; il réitéra ensuite ses remontrances : Je sais bien, lui dit-il, que vous prendrez très-mal tout ce que je pourrai vous dire : c'est une suite naturelle de la situation où je me trouve ; je suis à-la-fois juge et partie ; mais

il n'est pas en mon pouvoir
d'appeler un tiers pour juger notre cause, ainsi j'aime mieux vous
en rendre vous-même l'arbitre,
mettez-vous donc à ma place, et
dites-moi ce que vous feriez. »

Robert garda le silence.

«Puisque rien ne peut vous tou-
cher, continua le comte, je vais
vous offrir un parti tout contraire.
Venez avec moi dans mon parc,
et terminons notre querelle par
la voie des armes. Celui de nous
qui sera vainqueur, possèdera sans
obstacles l'objet de sa tendresse ;
car je vous déclare que ce com-
bat ne finira que par la mort de
l'un ou de l'autre ; décidez - vous
donc promptement, et devenons
ennemis, puisque je n'ai pu l'é-
viter. »

Robert hésisa sur ce qu'il devait faire : il ne craignait point la mort, mais il appréhendait que sa victoire ne l'éloignât autant de Blanche, que sa défaite ; il était à présumer qu'elle n'accepterait jamais sa main teinte du sang de son époux. Ces justes réflexions le tinrent longtems en suspens ; enfin l'idée de Blanche entre les bras de son rival vint enflammer son imagination. Il se leva : « J'accepte votre dernière proposition, dit-il au comte, je préfère la mort à mon odieuse existence.

— » Vous le voulez, dit froidement S..., en prenant des pistolets ? partons. »

Ils allaient en effet sortir, lorsque la porte s'ouvrant tout-à-coup, offrit à leurs yeux l'inté-

ressante comtesse : elle avait tout
entendu , et , par un effort sublime , elle venait elle-même juger
leur différent.

A son aspect , son époux et
son amant restèrent également stu-
péfaits. « C'est donc , dit - elle à
Robert, au nom de votre amour,
que vous voulez vous rendre coupable d'un crime , et augmenter
mes malheurs ! Vous n'avez pas
espéré sans doute que Blanche
pourrait estimer le meurtrier de son
époux. Comment donc est-il possible que vous ayez pu méconnaî-
tre à ce point les loix de l'honneur?
Reprenez , je vous en conjure ,
des sentimens plus dignes de vous;
aussi bien je vous déclare que vous
ne parviendrez à M. de S... qu'a-
près m'avoir arraché la vie. »

Le comte transporté d'admiration, prit sa femme entre ses bras; Robert mit un genou à terre, puis s'adressant à la comtesse, « Vous m'offrez, lui dit-il, madame, un exemple trop rare pour que je ne veuille pas l'imiter. Oubliez un moment d'erreur, et vivez heureuse avec votre époux ; quant à moi, je sens bien que je ne survivrai pas à mes peines, mais mon dernier soupir sera pour votre bonheur, et je me croirai trop heureux de l'avoir payé de ma vie. »

Blanche ne répondit rien ; elle était épuisée de l'effort qu'elle venait de faire ; elle cherchait à retenir ses larmes, et ses yeux baissés sur son fils semblaient lui demander le prix du sacrifice qu'elle venait de faire. Les trois acteurs de cette scène attendrissante gardaient un profond silence ; les regards de Robert étaient l'interprète de ce qui se passait dans son cœur ; ses yeux se portaient sur l'enfant, ensuite sur le comte. Celui-ci comprit leur langage, et prenant cette innocente créature des bras de sa mère, il le mit dans ceux de Robert. « Livrez-vous, lui dit-il, à toute votre tendresse pour ce gage chéri d'un amour malheureux, et ne craignez pas que je m'offense des élans de votre sensibilité. »

L'infortuné jeune homme lui fit les plus touchantes caresses, et le baigna de ses larmes. Il le rendit ensuite à son père adoptif : « Je le recommande, lui dit-il, à vos soins généreux ; privé de tout sur la terre , je ne puis lui être d'aucune utilité. » S... l'assura de toute sa sollicitude envers l'enfant : Robert parut satisfait de ces promesses , et après avoir jeté sur la comtesse un regard douloureux, il mit son mouchoir sur ses yeux et sortit.

Le comte l'accompagna jusqu'à la porte du château , et lui demanda où il comptait faire sa résidence. « Dans ce village même, lui dit Robert ; je serais bien fâché de troubler votre tranquillité, mais ne me privez pas de la faible consolation de respirer le même air que Blanche ; au moins quelquefois je pourrai peut-être appercevoir mon fils. » Le comte sentit bien qu'il ne pouvait pas s'opposer à ce désir ; il lui promit même qu'il verrait souvent son enfant. Après cette assurance, ils prirent tristement congé l'un de l'autre, et le comte retourna auprès de son épouse.

———

CHAPITRE IX.

*Voyage de M. de... à S... vive
altercation entre le beau-père
et le gendre.*

Quand la première fureur de M.
de... fut passée, il questionna
tous ses gens, l'un après l'autre,
pour savoir d'eux quel était l'au-
dacieux mortel qui avait osé déli-
vrer Robert, aucun ne put le satisfaire : ils ne connaissaient de
toute cette aventure que l'ouverture de la première porte du souterrain; mais personne n'osa lui
avouer ce qu'il savait, de peur
d'exciter la colère de la marquise.

Ainsi il ne put porter dans cet instant , ses soupçous sur personne. Mais le lendemain , quand il sut qu'Aurelio et Valentin avaient disparu , il ne douta plus que ce ne fût eux qui avaient favorisé l'évasion de son prisonnier. Avide de retrouver Robert , dont il craignait le ressentiment , il chercha à deviner de quel côté il pouvait avoir tourné ses pas. L'idée de Paris se présenta plus que toute autre , à cause des intérêts que Robert avait dans cette ville; il partit donc quelques jours après , laissant la marquise en proie aux plus vives inquiétudes. Il parcourut en - vain toute la capitale , il ne put le découvrir. Quoiqu'il connût parfaitement le notaire de Robert , il n'eut garde d'aller chez lui , il aurait craint de se compromettre par cette dé-marche, et de découvrir ce qu'il lui importait de cacher.

Après avoir passé plus d'un mois à Paris , il résolut de re-tourner à son château ; mais en chemin il lui prit fantaisie d'aller à S... visiter son gendre et sa fille, pour laquelle il sentait quel-quefois des mouvemens de ten-dresse.

Il y arriva peu de jours après l'entrevue du comte et de Robert; il s'attendait que son arrivée fe-rait grand plaisir à son gendre , et il ne fut pas peu surpris de la froideur que ce dernier lui témoi-gna : il était prêt à lui en deman-der la cause, mais le comte ne lui en laissa pas le tems , il l'acca-

bla de reproches sur les crimes
dont il s'était rendu coupable. M.
de... , interdit , balbutia quelques mots , et voulut se rejeter sur
l'outrage qu'il avait reçu de Robert ; mais le comte l'interrompit avec colère : « Vous avez
beau dire , monsieur , s'écria-t-il,
mais jamais vous ne pourrez vous
justifier aux yeux des honnêtes
gens. Si un barbare préjugé vous
imposait la loi de rendre votre
fille malheureuse en la séparant de
l'objet de sa tendresse , au moins
ne deviez-vous pas user de tyran-
nie envers deux infortunés , dont
le seul crime avait été de se livrer à l'amour , sans consulter la
distance et l'inégalité des condi-
tions.

» Si je ne respectais en vous le

père de mon épouse, je n'hésite-
rais pas, malgré l'éclat de ce rang
qui vous a enhardi à commettre
tant d'horreurs, à vous livrer sur-
le-champ à toute la rigueur des
loix. Si elles punissent la séduc-
tion, elles ne frappent pas moins
sur l'assassinat, et vous ne pouvez pas désavouer que vous avez
été deux fois l'assassin du malheureux Robert ; ainsi, de quelle
manière prétendez-vous réparer
des traits aussi graves ?

M. de... garda le silence : le
comte en profita pour lui demander des éclaircissemens sur le des-
tin du père Robert. Mais le marquis protesta qu'il ignorait absolument ce qu'il était devenu ; qu'il
avait bien, à la vérité, obtenu
contre lui une lettre - de - cachet,

mais qu'il ne s'était pas inquiété
de la prison dans laquelle on l'a-
vait renfermé ; que tout ce qu'il
savait , c'est qu'il était détenu
comme insensé. Cet aveu augmenta l'indignation du comte , et il
persista à lui demander s'il ne ferait rien en faveur du jeune
homme. « Non sans doute, lui dit
le marquis , il m'a trop gravement offensé pour que je répande
jamais sur lui aucun bienfait.

— » Vous avez raison, dit le
comte furieux ; il rougirait sans
doute de les accepter , je verrai
par moi-même comment je m'y
prendrai pour adoucir des maux
que j'ai causés sans le vouloir.»

Le marquis essaya de changer
la conversation et demanda des
nouvelles de sa fille. « Elle lan-

suit, lui dit son gendre , dans les angoisses d'un amour malheureux. Moi-même je suis bien loin de jouir du bonheur avec elle ; mais je ne saurais m'en plaindre , et j'admire en silence la sublime vertu de ma charmante épouse ; toute entière à ses devoirs , elle cherche à m'épargner la connaissance de ce qu'elle souffre , et mon cœur en est chaque jour déchiré.

— » Et son fils , demanda encore le marquis ?

— » Il est, lui dit S... le portrait de son père , et je suis bien sûr qu'il est à la fois pour la comtesse un sujet de peine et de consolation.

—» Il faut l'éloigner d'elle , lui dit M. de...

—» Ce serait bien là , lui dit son

gendre, avec un sourire amer, un de vos barbares moyens ; mais ce n'est pas ainsi que je sais me conduire : il est de mon devoir de consoler mon épouse et non de l'opprimer. »

Blanche entra dans ce moment, elle avait su par Thérèse l'arrivée de son père, et malgré les sujets de plaintes qu'elle avait contre lui, elle venait lui rendre ses devoirs. La malheureuse comtesse, malgré son extrême jeunesse, n'était plus qu'une ombre d'elle-même ; le changement qui s'était opéré en elle depuis qu'elle avait revu Robert, était si frappant, que le marquis le remarqua. Ce père jadis si tendre et depuis si barbare, fit alors un retour sur lui-même, et comprit, mais trop tard, combien il était coupable envers sa malheureuse enfant. La conviction de sa faute fit naître le remords dans son sein; il tendit les bras à sa fille, en versant un torrent de larmes : « Ah ! je retrouve mon père, s'écria la comtesse, en s'y précipitant ! cet heureux instant continua-t-elle, en prenant la main du comte, me ferait presque oublier mes chagrins. S... surmontant son ressentiment contre son beau-père, vint se joindre à leurs embrassements, et cette malheureuse famille goûta cette fois un instant de bonheur.

Le comte évita de reparler de Robert, de peur de réveiller de fâcheux souvenirs. Pendant que tout ceci se passe à S..., nous allons retrouver Robert à sa sortie du château.

CHAPITRE X.

Consolation de Robert dans son exil,

R OBERT abîmé de douleur retourna à son auberge, où il trouva son fidèle Valentin , très-inquiet de sa longue absence, et se disposant à l'aller rejoindre Il lui conta de quelle manière son entrevue avec le comte s'était passée; Valentin applaudit beaucoup sa généreuse résolution : « Au moins, dit-il, si ma jeune maîtresse n'est pas heureuse , elle sera tranquille, elle ne pleurera pas votre mort , à présent qu'elle sait que vous existez.

—» Hélas ! oui , dit Robert, j'existe ; mais il vaudrait beaucoup mieux que nous fussions tousdeux ensevelis dans la tombe, que de vivre sans l'espérance d'être jamais unis.

—» Pourquoi , monsieur , dit Valentin, voulez-vous perdre tout espoir ? C'est la seule consolation des malheureux· Il les soutient jusqu'au bout de leur pénible carrière. Quant à moi, quoique vieux, je veux croire qu'un jour vous recevrez la récompense de tout ce que vous souffrez aujourd'hui ; il m'en coûterait trop de penser que vos maux dureront toujours. Si j'en crois mes pressentimens, vous épouserez madame la comtesse tôt ou tard. Quel plaisir pour moi, si je voyais jamais cette pauvre jenne dame heureuse. ! Je l'ai vu naître aussi bien que sa mère ; c'est une bonne raison pour lui être attaché ; et en disant ces mots , le bon Valentin essuya les larmes qui coulaient le long de ses joues. »

Les larmes qu'un ami compatissant répand sur nos malheurs, sont comme un baume salutaire qui en adoucit l'amertume , Robert l'éprouva dans ce moment : chacune de celles de son vieux serviteur descendait jusqu'au fond de son cœur , et émoussait le trait qui l'avait blessé. Sa douleur ne diminua pas , mais elle devint plus calme , et dégénéra bientôt en une douce mélancolie.

Le lendemain de sa visite au château , il reçut encore une autre consolation sur les huit heures du matin. Une voix de femme se fit entendre à la porte de sa chambre et Valentin introduisit sur-le-champ Thérèse, qui lui apportait sou fils. Cette visite le surprit et le flatta. Blanche trouvait que l'enfant ressemblait à son père ; Robert, au contraire, jugea qu'il ressemblait à Blanche, et il l'accabla de caresses, autant pour la mère que pour lui. Le comte avait attaché à l'enfant une bourse pleine d'or : il y avait une bande de papier sur la quelle il lut ces mots : *C'est votre fils qui vous l'offre.* Robert trouva que le présent l'humiliait, et le refusa. « C'est madame qui a fait cette bourse, dit Thérèse.

—» Je puis donc la prendre,

dit Robert , et vous allez remporter ce qu'elle contient.

— » Il y a un petit inconvénient, reprit Thérèse, c'est qu'il m'est défendu de vous laisser l'une sans l'autre, et si vous persistez dans votre refus , vous ne verrez plus Amédée (c'était le nom de son fils). » Cette menace l'emporta sur la répugnance de notre héros , et il garda le tout. Thérèse resta avec lui une partie de la matinée , qui fut employée , comme on le pense bien , à caresser Amédée , et à parler de sa mère. Enfin , vers midi , la bonne ramena l'enfant , avec promesse de revenir le lendemain.

Robert désirait avec ardeur savoir si Blanche , malgré son héroïque courage, s'occupait encore

de lui. Il fut donc au cimetière visiter son propre tombeau ; mais
il ne l'y trouva plus : le comte,
dès l'aurore , avait envoyé détruire ce monument d'erreur. On
avait élevé à la place un petit
trophée fort simple , entouré de
lauriers, avec cette inscription :

*Robert vit toujours ; il existe
pour l'amitié.*

Il relut la légende plusieurs fois ,
et la fit lire à Valentin. « On me
retrace mes devoirs, lui dit - il ;
hélas ! ils ont bien raison ! je suis
mort pour l'amour.

Quoique Robert se doutât bien
que le comte entrait pour quelque chose dans la construction de
ce nouveau monument , et qu'il
en ressentit de la reconnaissance ,
il n'en conserva pas moins le sen-

timent d'une profonde tristesse : il la garda jusqu'au lendemain ; que la présence de son fils parvint à la dissiper un peu.

Huit jours se passèrent de la sorte ; un matin, en sortant de chez lui, il apperçut les gens du marquis de . . . ; il les aborda, et apprit d'eux que leur maître était chez son gendre. Il sentit à cette nouvelle ses cheveux se hérisser sur son front, et une sueur froide couvrit tout son corps. Cette impulsion fit place à une violente colère, son sang bouillait dans ses veines, et sa première pensée fut de se venger de son persécuteur. Dans ce dessein, il retourna chez lui pour prendre des armes, bien déterminé à attendre M. de . . par-tout où il croirait le rencontrer, pour avoir raison de l'affreux traitement qu'il en avait reçu. Valentin, qui voyait aisément sur son visage ce qui se passait dans son ame, remarqua l'altération de ses traits, et lui en demanda la cause. Robert qui avait peu de secrets pour lui, lui avoua le sujet de son agitation. « Vous êtes donc bien décidé à tuer M. de..., lui dit son domestique? » Robert fit un signe affirmatif. « Vous oubliez, continua le vieux serviteur, qu'il est le père de madame la comtesse. » A cette remarque, Robert se frappa le front, pencha la tête sur sa main et demeura interdit.

Dans son premier transport il n'avait pas fait cette réflexion ; elle ne diminua pas son ressentiment, mais elle lui ôta la force de le sa-

tisfaire. Le lendemain il demanda
à Thérèse pourquoi elle lui avait
laissé ignorer le séjour du marquis
au château. Thérèse lui répondit
que c'était par l'ordre de sa maîtresse; elle lui apprit alors le changement qui s'était opéré en lui, et
l'assura qu'il avait pour sa fille
la même tendresse que par le passé.
Robert fut charmé d'apprendre
que Blanché éprouvait cette consolation ; il pria cette fille de dire
au comte qu'il tâchât de savoir de
son beau-père, quelle était la prison qui renfermait le sien, afin
qu'il pût travailler à le faire sortir,
s'engageant au préalable à ne compromettre en rien le marquis. Thérèse lui promit de faire son possible pour le satisfaire, et ayant
pris congé de lui, elle retourna
au château.

CHAPITRE XI.

Visite inattendue.

———

Robert continuait toujours le même genre de vie, et partageait son tems entre son fils et les promenades solitaires, dans lesquelles l'image de Blanche lui tenait fidelle compagnie ; il ne trouvait de bonheur qu'à s'occuper d'elle, malgré le peu d'espoir qu'il avait de la posséder jamais ; son amour n'en étant pas moins violent, il était certain qu'aucune femme ne ferait jamais d'impression sur son cœur.

Il était si préoccupé depuis

quelque tems, qu'il avait négligé
d'écrire à madame de ...; il ne
fut pas peu surpris de la voir un
jour entrer dans sa chambre, pendant qu'il était à table : il était loin
de s'attendre à une pareille visite,
vu la distance qui séparait son
château de celui de S...; il fut
même peu flatté de l'honneur qu'elle
lui faisait, et s'attendit bien à essuyer de sa part un orage des plus
violens. En effet, elle débuta par
l'accabler de reproches amers sur
son ingratitude. «Après ce que j'ai
fait pour vous, lui dit-elle, je de-
vais m'attendre de votre part à
une autre conduite ; je me suis
exposée pour vous à tous les désagrémens, j'en suis bien mal re-
compensée. Elle aurait pu conti-
nuer longtems sur le même ton,

sans que notre héros l'interrompît:
elle le fit elle-même, quand elle fut
épuisée. Forcé alors de lui répondre, il lui donna pour excuse,
tous les évènemens qui l'avaient
occupé depuis son arrivée à S...
« Vous ne devez pas douter , madame , lui dit-il , de la reconais-
sance que je conserverai toujours
pour vos bienfaits;vous êtes pour
moi une seconde mère , puisque
vous m'avez rendu à la lumière au
moment où je désespérais d'en
jouir jamais. »(Au nom de mère ,
madame de ... fit une légère gri-
mace),Robert n'y fit pas attention
et continua : « les obligations im-
portantes que je vous ai et la
connaissance que vous avez de
mon caractère , ne doivent pas
vous laisser aucun doute sur la

sincérité de mes sentimens ; je ne sais par quel fatal oubli j'ai négligé de vous écrire ; mais croyez, je vous prie, que c'est plutôt l'égarement de ma tête, que celui de mon cœnr.»

Madame de... feignit de le croire, et remit la conversation sur le chapitre de son amour. « Je suis au désespoir, madame, lui dit notre héros, de ne pouvoir répondre à votre tendresse pour moi ; mais avec un peu de réflexion ,vous conviendrez que cela est impossible sous tous les rapports. D'abord, mon cœur usé par une passion malheureuse, ne peut plus battre pour l'amour;et quand cela ne serait pas, je suis trop honnête homme pour aspirer à contracter avec vous un engagement, quand

les liens les plus étroits m'unissent
à votre adorable fille. »

La marquise pâlit de colère.
« Il te sied bien , s'écria-t-elle , de
rappeler à mon imagination des
nœuds exécrables , qui ont fait le
malheur de toute notre famille.
Va , j'ai assez rougi de ma propre
faiblesse, sans que par de honteux
souvenirs tu cherches à m'humilier
encore davantage ; mais je ne suis
pas dupe de ta fausse délicatesse ;
ce n'est pas l'honneur qui dicte aujourd'hui un refus outrageant, mais
le peu de cas que tu fais de ma per_
sonne : je n'ai pas à tes yeux autant
d'attraits que ma fille , voilà la
cause de tes mépris ; je m'en con-
sole par la certitude que j'ai que
tu ne la posséderas jamais ; tu lan-
guiras dans les tourmens d'une

ardeur inutile, et les maux que tu souffriras, assureront ma vengeance. »

Elle se leva en achevant ces paroles. Robert fit ce qu'il put pour l'appaiser, ce fut envain, sa fureur ne diminua pas, et elle sortit en l'accablant d'injures et de malédictions. Cependant, ayant rencontré Valentin sur l'escalier, elle lui paya deux années de ses gages et lui remit en outre une somme assez forte, qu'elle le chargea d'employer pour son maître, si jamais il en avait besoin ; elle remonta ensuite en voiture pour retourner chez elle ; mais réfléchissant que sa livrée pouvait avoir été reconnue dans le village, elle alla descendre au château.

Son gendre fut très-étonné de la voir ; il courut annoncer son arri vée à sa femme. Malgré l'indifférence que sa mère lui avait toujours témoignée, la comtesse ne fut pas fâchée de sa visite, et elle vint au-devant d'elle; de son côté, la marquise voulant éloigner tous les soupçons, lui fit beaucoup d'accueil, et il ne tint qu'à Blanche de se croire heureuse au sein de sa famille. Robert, de son côté, content d'être délivré de l'extravagante marquise, vivait, sinon heureux, du moins tranquille; les visites de son fils venaient chaque jour faire diversion à ses peines, et il n'osait former aucun désir au-delà de ce bonheur factice, lorsque des circonstances imprévues vinrent changer la face des choses, et lui donner malgré lui une lueur d'espérance.

CHAPITRE XII.

Maladie du comte.

On se doute bien que le peu de bonheur dont cet homme estimable avait joui, avait pris de beaucoup sur son tempéramment ; il était né sensible, impérieux même. Dans le premier tems où il avait recherché la main de Blanche, il n'avait eu en vue que les avantages qu'il pouvait trouver dans cette alliance ; on a pu voir dans le commencement de cet ouvrage, qu'il voyait moins, en se mariant, la femme qu'il épousait, que sa famille. L'amour vint changer toutes ces dis-

positions : à force de voir Blanche,
il en vint bientôt à l'aimer éperdue-
ment ; il regarda son amour pour
Robert comme une folie de jeune
personne , qui passerait comme
un éclair , et qui ne ferait que
développer en elle le germe d'un
amour réel qu'elle saurait unir au
devoir ; les excellentes qualités
qu'il découvrait dans mademoiselle de... , lui donnant lieu d'espérer cet heureux changement.
Quand il apprit les suites qu'avait
eu sa faiblesse, et la mort de celui
qui en était l'auteur , sa passion
l'aveugla , et il n'hésita pas à lui
rendre l'honneur, en lui offrant sa
main et en adoptant son enfant. Il
se flatta que l'estime et la reconnaissance lui attacheraient son
épouse , qu'il serait au moins son

ami, et que le tems effaçant de son cœur le souvenir de son premier amant, elle se livrerait sans réserve à l'amitié qu'il croyait lui inspirer. Il fut cruellement trompé dans son attente, et on a vu de quelle manière il se conduisit avec son épouse, malgré la jalousie qui déchirait son cœur. De peur d'augmenter les chagrins de sa malheureuse compagne, il n'avait jamais fait paraître tout ce qu'il éprouvait ; s'il se livrait quelquefois à son mécontentement, son agitation n'était apperçue de personne, il s'enfermait et il déplorait seul son malheur. Blanche venait-elle à paraître, un air calmé et serein remplaçait bientôt sur son front les nuages qui l'avaient obscurci ; il s'efforçait de sourire, et cachait avec soin son agitation, de peur d'éloigner de lui davantage ce cœur déjà aigri par ses propres chagrins.

Ces efforts continuels ne pouvaient manquer d'altérer sa santé, et le changement de ses traits fut bientôt un sûr garant de la langueur qu'il éprouvait. Il cacha longtems ses souffrances, et ne répondait aux questions de son épouse sur sa santé, que de la façon la plus propre à calmer ses inquiétudes. On doit rendre cette justice à Blanche, qu'aucune pensée contraire à son devoir ne se présenta à son imagination ; elle savait apprécier ce qu'elle devait au comte, et elle n'envisageait, dans sa perte, que celle d'un ami et d'un bienfaiteur, sans s'occuper de l'avenir heureux dont sa mort lui donnait l'espoir,

Il languit pendant plusieurs mois sans vouloir avoir recours aux gens de l'art, malgré les puissantes sollicitations de sa femme et de son beau-père, la première mettant tous ses soins à adoucir ses souffrances ; mais ils étaient inutiles, le coup était porté, et M. S... devait bientôt être la victime de ses généreux procédés. Sa maladie augmentant tous les jours, et prenant un caractère plus dangereux, la comtesse fit venir de Paris le médecin le plus habile qu'on pût lui indiquer.

A son arrivée, il examina le malade, et ne cacha point à son épouse qu'il était dans le plus grand danger, qu'à moins d'un

miracle, on ne pouvait espérer
qu'il en revînt. Blanche osait encore croire qu'à force de soins on
pourrait rendre la vie à son généreux époux ; elle pria donc le
docteur de ne rien épargner pour
sa guérison. Le médecin promit,
mais sans répondre du succès.
Cependant, durant quelques jours,
il se trouva beaucoup mieux, et
la comtesse commençait à se flatter, quand tout-à-coup la fièvre
le prit, et le conduisit au tombeau.

Le comte s'apperçut bien qu'il
touchait à la fin de sa vie, malgré
le soin qu'on prenait de lui cacher
son état : il exigea donc du médecin de lui dire combien de tems
il croyait qu'il eût encore à vivre.
Forcé de s'expliquer, le docteur

lui avoua qu'il ne pouvait se flatter de prolonger son existence au-delà de huit jours ; « cependant, monsieur, ajouta-t-il, une crise heureuse peut changer la disposition des choses, et vous pouvez croire que j'apporterai tous mes soins... »

Le comte l'interrompit. « Epargnez-vous, lui dit-il, toute espèce de consultation ; jai fait le sacrifice de ma vie, assez d'autres l'ont précédé, pour que celui-ci me devienne bien facile. Votre décision me servira à mettre à profit le peu d'instans qui me restent, pour rendre heureux, par ma mort, ceux dont mon existence a causé l'infortune. Il congédia alors son médecin et fit appeler la comtessse, qui s'em-

pressa de venir, ignorant ce dont
il s'agissait. Elle s'informa de la
situation où il se trouvait ; il lui
répondit par un souriro ! « Ma
chère amie, lui dit-il, je vous ai
fait demander pour vous préparer à voir ici un personnage in-
téressant pour nous deux ; je veux
parler de Robert. » La comtesse
fit un geste d'opposition. « Lais-
sez-moi faire, continua-t-il, sa
visite est nécessaire pour ma tranquillité. Si je vous ai prévenue,
c'était pour vous éviter quelque
dangereuse sensation ; mais, du
reste, vous m'affligeriez, en vous
opposant à mes désirs. Ayez soin
seulement de le faire avertir, pour
qu'il se rende ici, et prévenez
votre père, pour qu'il évite sa
présence, s'il ne veut pas se trouver avec lui. »

Blanche n'osant résister aux volontés de son époux, le quitta pour exécuter ses ordres. M de... fut fort surpris de l'envie qu'il témoignait de voir son rival, et il sut bon gré à sa fille de l'avoir averti ; il aurait été lui-même honteux de se trouver devant lui. Cependant ; désirant savoir ce qui se passerait dans cette singulière entrevue, il résolut de se placer dans un petit cabinet, d'où il pouvait tout voir et tout entendre, sans être apperçu. Pour la marquise, elle gnorait tout ce qui se passait, étant partie depuis longtems pour retourner dans une de ses terres. En quittant son père, la comtesse ordonna qu'on allât chercher Robert, et attendit dans une douloureuse impatience le résultat de cette visite.

CHAPITRE XIII.

Trait héroïque du comte. — Sa mort.

ROBERT avait appris de Thérèse la longue maladie du comte. Quoique cet événement fût pour lui un heureux présage , il ne put s'empêcher de plaindre cet homme respectable qui aurait mérité un meilleur sort; il avait remarqué avec reconnaissance que ses souffrances ne l'avaient pas empéché de songer à lui; il lui envoyait très-fréquemment des secours, et il s'y prenait toujours d'une manière si ingénieuse, que Robert ne pouvait

s'en offenser ni même les refuser.
Malgré sa qualité d'époux de
Blanche, Robert voyait en lui un
véritable ami ; et s'il évitait de se
présenter devant lui, c'était pour
se conformer à ses désirs, aux
ordres de la comtesse, et dans la
crainte que sa présence ne trou-
blât l'harmonie qui régnait entre
eux. Il conservait dans son cœur
le souvenir de ses bienfaits, et demandait chaque jour de ses nouvelles avec un intérêt dont Thérèse
était étonnée : pour lui, il le fut
bien davantage quand on vint le
chercher pour aller au château ;
il s'y rendit cependant, ne doutant
pas que cette invitation n'eût un
motif important ; mais ce ne fut
pas sans une vive émotion qu'il se
trouva dans les lieux qu'habitait
sa bien aimée.

Elle était auprès du lit du comte quand on annonça Robert; elle tressaillit, et M. S... s'apperçut bien de ce qu'elle éprouvait. « Rappelez votre courage, lui dit-il, c'est la dernière complaisance que j'exigerai de vous. » Dans ce moment Robert entra; son émotion était visible, et ses genoux se dérobaient sous lui. Sa situation n'échappa pas aux regards pénétrans du comte, qui l'engagea à s'asseoir, et quand ce premier instant fut passé, il s'adressa à Blanche, et lui parla en ces termes :

« Tout mon désir, ma tendre amie, aurait été de vous rendre heureuse, et par une funeste erreur j'ai causé votre infortune et celle de votre amant; vous m'a-

vez cru un instant complice de la
vengeance qui a été exercée contre
lui, j'espère que ma conduite vous
a pleinement désabusée. (Blanche
voulut l'interrompre, il l'en em-
pêcha par un signe, et continua
ainsi) : Je vous dois des remercie-
mens pour les efforts continuels
que vous avez faits pour me déro-
ber vos chagrins, je n'en ai pas
moins vu que vous étiez malheureuse, et je l'ai été moi-même, par la connaissance de vos
peines. La vertu que vous avez
fait paraître lorsque Robert vint
ici, augmenta mon estime et mon
amour pour vous ; mais en même
tems elle redoubla mes regrets,
et j'en conçus de bien vifs de ne
pouvoir faire votre félicité. Ah !
croyez que si les barbares lois de

l'honneur et des préjugés n'eussent été pour moi un frein insurmontable, je n'aurais pas balancé à vous rendre l'un à l'autre ; je n'ignorais pas que suivant les lois de la nature , les droits de Robert étaient plus sacrés que les miens , puisqu'il existait un gage de votre mutuel amour ; mais un cruel serment nous unissait l'un à l'autre, et il n'était pas en mon pouvoir de détruire des nœuds indissolubles , je n'avais pour toutes ressources que d'adoucir vos maux par tous les moyens possibles, et je n'épargnais rien pour y parvenir. La fin de mon existence, en vous dégageant de vos liens , va faire votre bonheur et celui de Robert. Ce moment terrible approche, il n'a rien d'effrayrnt pour moi, parce que je n'ai point de reproches à me faire : ne me refusez pas de souscrire à mes dernières volontés ; que j'emporte au tombeau la seule espérance qui puisse m'y faire descendre sans amertume. Jurez-moi tous deux de vous soumettre à ce que je vais vous prescrire. »

Quoique Robert ignorât à quoi ce serment l'obligerait, il n'hésita pas et lui jura une aveugle obéissance. Blanche fondait en larmes et répéta le même serment d'une voix entrecoupée de sanglots. Le comte parut satisfait et reprit la parole.

« Vous devrez, dit-il, quelque chose à la bienséance ; mais j'exige qu'aussitôt après votre grand deuil, vous soyez unie à Robert ;

je lui laisse la plus grande partie de mon bien, afin qu'il ne soit pas aux dépens de son fils, et que votre père n'ait pas à lui adresser de reproches sur la médiocrité de sa fortune ; son orgueil souffrira sans doute encore assez de la roture de son gendre. Pour rémédier à cet inconvénient, il trouvera dans mon coffre-fort, de quoi acheter une charge qui, en l'ennoblissant, réparera le tort que lui a fait la nature. Ne me sachez tous deux aucun gré de ce que je fais pour vous, j'ai cru remplir un devoir, et je mourrai satisfait. »

Epuisé par ce long discours, il cessa de parler. Robert et Blanche se jetèrent à genoux devant son lit, et ne purent exprimer ce qu'ils sentaient, que par leurs larmes :

le comte les fit relever et les embrassa tous deux avec une égale
tendresse.

« Calmez votre douleur, dit-il
à la comtesse, oubliez que je fus
votre époux, et ne voyez en moi
qu'un père tendre qui, sur le point
d'entreprendre un long voyage,
veut avant son départ assurer le
bonheur de ses enfans. »

Malgré tout ce qu'il put leur
dire, les deux amans se livrèrent
sans réserve à une sincère douleur ; ils oublièrent de bonne foi
le bonheur dont ils avaient la
perspective, pour ne penser qu'à
la perte de l'ami qui leur en assu-
rait la jouissance.

Soit que cette scène eût affecté
le malade, soit que le médecin se
fût trompé dans son calcul, M. S...

empira toujours depuis ce moment, et la nuit suivante fut des plus orageuses. La comtesse ni Robert ne le quittèrent pas une minute, et on peut assurer au lecteur qu'ils oublièrent entièrement leur mutuelle tendresse , pour donner au malade tous les secours que son état exigeait.

Quoique M. S... souffrît beaucoup , il recevait tous leurs soins avec le sourire de la bienveillance, et la sérénité de son visage montrait assez tout le calme de son ame. Vers le matin, il se sentit plus faible , et il fit approcher Robert : « J'aurais bien désiré, lui dit-il, obtenir une grace de vous ; depuis hier, votre présence ici a exilé mon beau-père d'auprès de moi ; donnez-moi, à ma dernière heure, la satisfaction de vous voir réconciliés ; que l'époux de sa fille puisse le nommer son père : sa vengeance a été terrible et même atroce ; mais, mon cher Robert, il est beaucoup plus doux pour une ame noble et généreuse, de pardonner que de punir. »

Robert n'avait rien à refuser à son bienfaiteur ; mais il lui observa que le vindicatif marquis pourrait s'opposer à ses désirs. « Je ne le crois pas, dit M. S..., mais dans tous les cas, je vais m'en assurer.» Il sonna en effet, et demanda son beau-père. Robert se retira derrière un paravent, pour attendre l'issue de cette conversation. A peine y était-il que le marquis entra : il s'excusa de son absence sur la présence de Robert ; « ce jeune homme, lui dit-il, n'aurait pas été à son aise avec moi, ni moi avec lui, et cela est naturel, après tout ce qui s'est passé.

— » C'est justement l'oubli de ces évènemens malheureux que je vous demande aujourd'hui, lui dit le comte ; après moi, Robert sera votre gendre. » Le marquis fronça le sourcil. « J'ai prévu, lui dit M. S..., toutes les objections que vous pourriez faire, et j'ai levé tous les obstacles ; mais, dans ce moment, le point le plus important, c'est votre réunion avec lui ; vous vous êtes vengé de lui d'une manière si barbare, qu'il n'a que trop expié la faute qu'il a commise: Je ne vois donc rien qui puisse vous empêcher de m'accorder ce que je vous demande. »

M. de...réfléchit un instant, puis
considérant que l'homme qui lui
parlait, était agonisant, qu'il n'é-
tait pas exempt de reproches envers lui, il ne voulut pas ajouter
à ses torts, celui d'une inflexible
opiniâtreté. « Il est vrai, dit-il à
son gendre, qu'avant toutes ces
catastrophes, j'aimais beaucoup
ce garçon-là; qu'il vienne donc,
et que tout soit oublié.

— » Il est à vos pieds, dit Robert sortant de sa retraite et se
précipitant aux pieds du marquis. » Celui-ci le releva et l'embrassa assez cordialement. « Puisque le comte, lui dit-il, vous a
choisi pour mon gendre, il faut
bien que j'y consente ; mais sur-
tout, mon ami, ne négligez pas
d'acheter une charge de secrétaire

du roi ; il ne serait pas décent , voyez - vous , que la comtesse de S... s'appellât à la suite madame Robert. »

Le sang-froid de l'orgueilleux vieillard fit sourire le comte et révolta Robert. Le marquis n'y fit pas même attention ; quand il s'agissait de titres de noblesse , tout le reste disparaissait à ses yeux. Satisfait sur tous les points, M.S...les congédia l'un et l'autre, et pria qu'on le laissât libre , afin qu'il pût remplir ses devoirs , et s'occuper de ses derniers momens. Il le fit en effet , et s'acquitta de ses obligations spirituelles avec autant de tranquillité , qu'il en avait mis à dicter ses dernières intentions.

C'était-là le dernier effort que

devait faire cette ame vraiment philosophe; peu de momens après que le curé fut sorti, il rendit les derniers soupirs entre les bras de Robert et de Blanche, dont il tenait les mains, et qu'il mit dans les siennes déjà glacées des horreurs du trépas.

Blanche s'abandonna de bonne foi à une sincère douleur; comme tant d'autres, elle reconnut trop tard le prix de ce qu'elle avait perdu. Robert partageait ses regrets, et trouvant ses pleurs trop légitimes pour chercher sitôt à en tarir la source, il vit bien, malgré l'amour qu'elle avait pour lui, qu'il fallait, pour le moment, se contenter de l'assurance de son bonheur futur, et attendre avec patience le terme prescrit par M. S...

Blanche n'était guères en état de s'occuper des funérailles du comte; Robert, plus attentif aux chagrins de son amie qu'à tout le reste, ne pouvait guères non plus s'en mêler; le marquis profita de la circonstance pour ordonner ce qui pouvait le rendre plus brillant. Blanche, instruite de la peine qu'il prenait, lui en snt le meilleur gré et ne fit pas réflexion que la vanité de son père, bien plus que l'amitié, le guidait dans cette conjoncture. Ayant rassemblé tout ce qui était possible, il parut satisfait. En effet, le comte fut enterré avec une pompe digne de lui et de ses rares vertus; mais le plus bel ornement de son convoi fut la multitude d'infortunés qui l'accompagnèrent au lieu de sa sépul-

ture , en regrettant à haute voix
celui qui, pendant toute sa vie,
avait été leur appui et leur bienfaiteur. Après les obsèques de son
gendre, M. de ... voulait s'en retourner chez lui, mais sa fille lui
observa que ce serait donner prise
à la médisance que de la laisser
ainsi seule avec Robert, dont elle
ne prétendait légitimer les droits
qu'au bout d'une année entière ,
quoique la volonté du comte eût
abrégé ce terme de moitié. Celui-ci
murmura de la résolution de sa
maîtresse ; mais elle lui déclara
qu'elle était invariable , et il fallut
s'y conformer.

CHAPITRE XIV.

Robert retrouve son père.

MALGRÉ les différens évènemens qui avaient occupé notre héros, il n'avait pas oublié le malheureux auteur de ses jours, qui, s'il respirait encore, languissait sans doute dans quelque prison. Le marquis l'avait assuré de nouveau qu'il ignorait son sort. Cependant Robert désirait le trouver à quelque prix que ce fût; il avait fait faire toutes les recherches possibles sur cet infortuné, elles avaient été infructueuses; néanmoins, animé plus que jamais de ce juste désir;

il résolut, puisque cela lui était possible, de répandre l'or à pleines mains, afin d'en avoir des nouvelles. Plein de ce projet, il quitta pour quelque tems S..., et vint à Paris; il devait en même - tems acheter la charge prescrite par le comte, et indispsable pour la satisfaction de M. de....

Son premier soin néanmoins, en arrivant dans la capitale, fut d'aller de prison en prison, et de questionner tous ceux qui y étaient employés, en leur promettant de grandes récompenses s'ils pouvaient l'instruire de ce qui l'intéressait; mais toutes ses peines furent inutiles, et il se voyait sur le point de renoncer à ses recherches, lorsque le hasard lui apprit ce que n'avaient pu faire les plus exactes perquisitions. Valentin alla un jour avec un de ses amis , voir un homme qui était dans la maison des foux à Charenton ; il rapporta à Robert, que parmi ceux qui s'é-taient présentés à ses regards , il en avait vu un qui paraissait plus triste qu'insensé ; que cet homme avait voulu lier conversation avec eux ; mais que le gardien l'avait fait rentrer. Jamais je ne perdrai de vue, ajouta le domestique, le regard douloureux de ce vieil-lard, quand il se vit forcé de nous quitter.

Ce récit piqua la curiosité de Robert ; un mouvement qu'il ne put définir, lui fit désirer de voir cet homme, et il demanda à Va-lentin s'il ne serait pas possible d'avoir cette satisfaction. « Je ne saîs, lui dit Valentin, mais j'en parlerai à Lapierre (c'était le nom de cet ami de Valentin), et quand il ira voir le pensionnaire auquel il porte des douceurs, il vous emmènera avec lui, si cela lui est possible. » Valentin tint parole à son maître, et huit jours après, Lapierre le conduisit à Charenton, et l'annonça comme un parent du fou qu'il venait voir. On fit quelques objections qu'on n'avait pas faites à Valentin. Robert qui en comprit bien la raison, accompagna les prières d'un présent qui leva toutes les difficultés ; il avait prié Lapierre de lui faire remarquer l'insensé en question, si toutefois il le pouvait reconnaître. Lapierre qui l'avait déjà vu plusieurs fois, l'assura que cela ne

serait pas difficile. En effet, après
avoir promené ses regards sur
ceux qui prenaient l'air en ce moment ; après une recherche de
quelques minutes, Lapierre apperçut ce malheureux retiré dans
nn coin, et qui paraissait plongé
dans une profonde rêverie. Robert
approche, le regarde et s'élance
dans ses bras, en s'écriant : « O
ciel! c'est mon père!» Le vieillard,
au lieu de lui rendre ses caresses,
le regarda avec un étonnement
stupide. « C'est bien à présent,
dit-il, que je pardonne à mes ennemis de dire que j'ai perdu l'esprit ; si cela n'était pas, je ne m'i-
maginerais pas revoir mon cher
fils que j'ai perdu depuis plus de
deux ans. Hélas! cette erreur serait
bien flatteuse, si elle pouvait du-
rer toujours.

— » Ce n'est point une erreur, lui dit Robert en l'embrassant de nouveau, vous pouvez sans crainte vous livrer à la joie; j'existe toujours, et on vous a trompé en vous annonçant ma mort. » Et pour le convaincre, il lui raconta brièvement ce qui lui était arrivé. Cependant le bruit courait dans la maison, que le père de Robert avait retrouvé son fils; tous les subalternes de la maison, et certains foux qui ne l'étaient pas plus que celui-ci, se réjouirent bien sincèrement de ce qui venait d'arriver; mais les moines, craignant de voir échapper leur proie, accoururent et se hâtèrent de séparer le père d'avec le fils; ils accablèrent d'injures et de menaces le dernier, et le mirent honteusement à la porte : il erra, la rage dans le cœur, et il aurait fait quelqu'é-clat dangereux, si Lapierre ne lui eût représenté qu'il ferait à son père plus de tort que de bien. Dès le lendemain Robert écrivit au marquis, pour lui apprendre qu'il avait retrouvé son père, et l'engagea en même tems à faire tous ses efforts pour lui rendre la liberté. M. de...., qui était lui-même honteux de ce qu'il avait fait, écrivit au lieutenant de police, et en fort peu de tems il obtint sa sortie.

Avec quelle joie Robert courut à Charenton pour y chercher son père : il était tems ; le malheureux vieillard, déjà affaibli par ses chagrins, était malade depuis qu'il avait vu son fils, et il pleurait

une seconde fois sa perte; l'arrivée de Robert lui rendit la santé :
celui-ci l'emmena sur-le-champ ,
et ne fut pas peu surpris de voir
tous les frocards qui l'avaient si
bien invectivé, lui faire force cour-
bettes et lui protester la joie
qu'ils ressentaient de cet heureux
événement. Il leur rappela la manière dont ils l'avaient traité un
mois auparavant. Ils s'excusèrent
sur la rigueur des ordres qu'ils
avaient à suivre, et ne préten-
daient pas moins que leurs cœurs
étaient pénétrés de joie quand il
arrivait quelque heureux événement à leurs prisonniers. Robert
feignit de les croire, et après avoir
récompensé ceux dont son père
lui avait fait l'éloge, il se hâta
de le faire monter en voiture ,

et le ramena chez lui. Une fois libre, le père Robert obtint bientôt la remise de ses biens ; il voulait rendre à son fils ce qui lui appartenait, mais Robert, au contraire le conduisit chez le notaire, qui ne s'effraya plus de le voir, et fit à son père un abandon de tout ce qu'il possédait, après avoir remis à M. Bertrand ce qu'il lui avait avancé.

Quand le père Robert se fut un peu remis des différentes sensations qu'il avait éprouvées, son fils le pria de lui apprendre comment il avait été mis à Charanton. Il s'empressa de le satisfaire, et le fit dans les termes suivans :

CHAPITRE XV.

Le pouvoir des Grands.

———

« PENDANT la maladie que tu éprouvas d'après la blessure que tu avais reçue, inquiet de ne pas te voir, je fus te demander chez le marquis ; on me dit plusieurs fois que tu n'y étais pas, et ensuite on m'assura que tu étais parti pour faire le tour de l'Europe. Ce voyage entrepris sans mon consentement et à mon insu, me surprit et m'affligea. Je commençai à me repentir de t'avoir laissé entrer chez monsieur de . . . , et je ne doutai pas que l'éclat dont tu te trouvais environné ne t'eût fait oublier ton père et tes devoirs. Plein de cette idée, j'écrivis à M. de... une lettre assez sèche par laquelle je le priais de te rappeler auprès de lui, et de te rendre à ma tendresse. Je n'en reçus point de réponse, et si je n'étais sûr du contraire, je croirais qu'il ne la reçut point.

» Quelque tems après, il m'écrivit de son château que la fièvre t'ayant pris en route, tu étais revenu sur tes pas, et que tu y avais succombé : il m'envoyait ton acte mortuaire, et finissait par m'assurer qu'il prenait beaucoup de part à cet évènement. Je fus surpris de cette mort prématurée, et ayant fait des informations aux environs de l'hôtel, j'appris que tu n'en étais sorti que le jour de son départ pour sa terre, et que vous étiez partis ensemble. Cette circonstance m'étonna; je lui écrivis ce que je savais, et je le priai très-sérieusement de me mander pourquoi on avait usé de détour envers moi, pour m'empêcher de te voir. Il ne répondit pas à cette lettre, non plus qu'à la première.

» Malgré le regret que j'avais de ta perte, je résolus de mettre mes affaires en ordre, et de quitter Paris. Je me présentai donc chez ton notaire, pour retirer les fonds qui t'appartenaient, et je me disposai ensuite à partir sous peu de jours. J'en avais déjà pris un pour vendre ce qui m'était inutile, lorsque, la nuit qui le précéda, on vint frapper à ma porte;

j'ouvris, sans trop savoir ce qu'on pouvait me vouloir. On m'arrêta de par le roi, on visita chez moi : les sbires chargés de mon arrestation, prirent ce qu'il leur convint, mirent les scellés sur le reste, et m'ayant garotté comme un criminel, ils me jetèrent dans un fiacre, et me conduisirent à Charenton, où j'ai langui pendant près de deux ans, croyant bien que tu n'étais plus, mais persuadé que ta mort n'était pas naturelle. »

Robert remercia son père de sa complaisanc, et l'assura qu'il avait autant souffert que lui de leur séparation. Il s'agissait ensuite de faire emplette de noblesse, avant de retourner à S... : Robert trouva une baronnie, il l'acheta, et obtint, à force d'argent, la permission d'en porter le titre. Le voilà donc baron de Coulanges, et comptant, depuis vingt-quatre heures, une longue suite d'illustres aïeux.

Après avoir terminé toutes affaires, Robert songea à son amour. Le deuil de la comtesse tirait à sa fin, et il espérait, avec raison, qu'elle n'opposerait plus d'obstacles à son bonheur. Il déclara donc à son père que son intention était de retourner à S...; il lui demanda en même tems son consentement pour se marier, et le pria d'embellir la fête par sa présence; mais le bon homme était trop indigné contre le marquis, pour vouloir se trouver avec lui

Il assura son fils qu'il était charmé du bonheur qui se préparait pour lui, qu'il faisait le plus grand cas de la bru qu'il allait avoir, mais qu'il lui était impossible d'aller habiter le même endroit que son persécuteur. « J'aurais trop à souffrir, lui dit-il, et la colère qui m'agiterait, à la vue de ce méchant homme, troublerait tous vos plaisirs. »

Robert lui observa qu'il lui avait bien pardonné.

«J'en suis ravi, dit le vieillard; vous étiez amoureux, et moi je ne le suis pas. Je n'avais rien fait à M. de... qui pût exciter son ressentiment; j'ai payé de ma liberté la faute de deux étourdis, je ne t'en fais pas un crime, mais sois sûr que rien n'effacera jamais de mon cœur les lâches procédés de ton beau-père.» Robert voyant qu'il était inébranlable dans sa résolution, lui fit ses adieux et partit.

CHAPITRE XVI.

Arrivée de Robert au château de S... ; Entrevue avec madame de....

———

La satisfaction du marquis fut extrême, quand son gendre lui fit voir ses nouvaux titres. Cette circonstance acheva de le disposer en sa faveur. Malgré son âge et sa goute, en moins d'une demi-heure, il parcourut tout la château, et annonça à tout le monde que ce n'était plus Robert qu'il fallait dire, mais bien M. le baron de Coulanges.

Cette nouvelle passa bientôt de

bouche en bouche, et parvint jusqu'à la basse-cour. Quelques-uns
rirent aux dépens du nouveau
noble ; les autres qui l'aimaient,
furent charmés de le voir par-
venu ; mais quelque fût le motif
qui les agitait, tous les domestiques cherchèrent l'occasion de
parler à Robert, uniquement pour
avoir le plaisir de dire M. le baron.

M. de... lui-même ne lui aurait pas adressé une parole , de
près ou de loin, sans lui donner
ce titre ; de sorte qu'avant la fin
de la semaine, il aurait presque
désiré redevenir Robert , tant il
était fatigué de s'entendre inter-
peler à toute minute , et souvent
sans sujet. Blanche fut la seule qui
ne partagea point ce ridicule ; elle
aimait Robert pour lui-même , et

qu'il fût titré ou nom, ce sentiment
ne pouvait changer.

La marquise arriva sur ces en-
trefaites, à la prière de son époux,
qui lui avait écrit de se rendre à
S..., pour être témoin de l'u-
nion de leur fille avec le baron de
Coulanges. Dans son enthousiasme,
il avait oublié de lui apprendre
que M. de Coulanges et Robert
n'étaient qu'une même personne,
de sorte que madame de..., cu-
rieuse comme une femme, se hâta
de prendre la poste, pour venir
faire connaissance avec son gendre futur. Elle fut bien stupéfaite,
quand son époux éclaircit toute
l'affaire, en lui présentant le baron. Elle fut piquée de n'avoir
pas deviné, et prétendit cependant, comme c'est l'ordinaire,

qu'elle avait bien pensé que c'é-
tait lui. Quoi qu'il en soit , elle
le reçut fort bien , quoiqu'au fond
elle fût très-irritée de ses dédains.

Elle chercha avec empressement
l'occasion de lui parler seul : elle
se présenta bientôt , contre le désir de Robert ; il regarda ce tête-
à-tête comme un fâcheux contretems. Elle s'apperçut bien de la
contrainte qu'il éprouvait , malgré ses efforts pour la dissimuler.

« Ne craignez pas, lui dit-elle ,
que je veuille encore vous parler
de mon amour pour vous ; cette
passion ,dont j'ai reconnu toute la
folie , est éteinte dans mon cœur.
Votre indifférence m'a ouvert les
yeux sur la faute que je voulais
commettre , et m'a empêchée de
manquer à mon devoir. Soyez l'é-

poux de ma fille, j'y consens volontiers, mais au moins promettez-
moi d'oublier mon erreur , et d'en
garder le secret , même envers
votre épouse· »

Robert l'assura qu'il la respec-
tait trop pour jamais se permettre
aucune indiscrétion ; la marquise
parut satisfaite , et il ne fut plus
question de rien. Comme elle avait
toujours pris le plus grand intérêt au père Robert, elle lui en
demanda des nouvelles : il lui raconta ce qu'on a lu dans le chapitre précédent. Elle fut touchée
au récit de ce qu'il avait souffert, et elle lui témoigna qu'elle
aurait désiré le voir. Le baron
lui communiqua les raisons qui
avaient empêché son père de venir à S... ; madame de... ne

pouvait raisonnablement le blâ-
mer, mais elle prétendit qu'il au_
rait dû faire le voyage à cause
d'elle ; « Je l'aurais revu, ajouta-t-elle, avec un vrai plaisir. »

L'arrivée de la comtesse mit fin
à leur conversation ; elle venait
avertir son amant que le marquis
l'attendait pour aller à la chasse;
car depuis qu'il était titré, il était
de toutes ses parties, et M. de...
ne pouvait se passer de lui. Le
baron s'empressa d'aller le joindre ; la marquise et sa fille ren-
trèrent chez elles.

CHAPITRE XVII.

Une bonne œuvre.

LES deux chasseurs s'avancèrent dans la plaine avec leur suite et leurs chiens : on saura que le nouveau baron était bien le chasseur le plus mal-adroit qu'il fût possible de trouver ; ses coups de fusil étaient plus propres à disperser le gibier qu'à l'abattre. Il fit voir tant de gaucherie, que le marquis s'impatienta, et le pria de ne plus s'en mêler, persuadé que s'il continuait, ils ne rapporteraient pas une pièce. Notre héros fut charmé de l'occasion et fut l'attendre au pied d'un arbre, où il s'assit, dans l'intention de s'y reposer jusqu'à la fin de la chasse.

Il y était à peine, que des cris perçans le forcèrent à tourner la tête. Il apperçut une jeune fille, d'environ dix-sept ans, qui accourait toute éplorée, et qui vint se réfugier auprès de lui, en implorant sa protection. Elle était poursuivie par un rustre d'environ cinquante ans, que le baron jugea devoir être son père. Il ne se trompait pas, et le bâton que Mathurin tenait à sa main, était un signe de son autorité. Il joignit sa fille comme elle atteignait elle-même l'arbre au pied duquel était le baron. Il se leva et lui tendit les bras; elle s'y jeta comme dans un asile inviolable.

« Lâchais-la…; lâchais-la…, criait le paysan, c'est un mauvais sujet qui n'mérite pas l'honneur que vous y faites en prenant sa défense.....Lâchais-la, vous dis-je, monsieu, que j'l'assommions tout-à-l'heure. » La pauvre petite, de son côté, se pressait contre le baron. « Au nom du ciel ! monsieur, lui dit-elle, ne mé quittez pas ; il me tuerait.

— » Ne craignez rien, lui dit Coulanges, il ne vous fera rien tant que je serai là. » Il s'adressa ensuite à son père : « Pourriez-vous me dire, lui dit-il, père Mathurin, ce qui vous anime si fort contre cet enfant.

— » Parguenne, oui da, dit le paysan, j'peux ben vous l'dire ; la drôlesse a si ben fait q'c'est pu la

peine de l'caché; mais tout c'récit
n'empêchera qu'al me le paye, et
j'vous en répons ben ; cependant,
pour vous satisfaire, j'vas vous
dire c'qui l'en est : vous saurez
don que j'l'avions promis en mariage au fils d'not' compère Guillot; c'est un jeune homme d'mérite, et Catherine et moi j'l'aurions
ben aimé pour not gendre ; mais
pendant que j'travaillons d'tout
not' pouvoir à ben l'établir, man-
selle travaillait d'son côté à mette
l'désonnheur dans not' famille. Al
a longtems barguigné pour passer l'contrat ; mais voyant z'aujourd'hui qui n'y avait pu d'moyen
d'm'engourdir, elle vient d'avoné
à sa mère qu'al est z'enceinte d'pu
d'quate mois. Voyez,-monsieu, si
j'ons raison d'éte en colère, et si

je n'ferions pas ben d'exterminer c'te coquine-là. »

—» Avant de vous porter à cette extrémité, lui dit le baron, il faut voir s'il n'est pas d'autre moyen d'arranger les choses ; vous savez le nom de son amant.

— » Parguenne, je n'le sais q'trop !

— » Hé bien ! il faut les marier.

— » Vrament, monsieu, l'conseil est excellent ; mais c'est q'vous n'savez pas que l'fils à Guillot a quinze cents francs en mariage, au lieu q'Henri n'a pas l'sou.

— » Ah ! je vous entends, s'écria le baron ; c'est-à-dire, que si aujourd'hui Henri apportait une dot plus conséquente que celle de son rival, vous ne balanceriez pas à lui donner votre fille.

— » Vrament non, monsieu; ainsi j'serions pourtant dans l'embarras pour la parole que j'ons donné à Guillot; mais à ça près q'ça puisse se faire, j'aurions du moins la paix dans l'ménage, au lieu que d'puis son chien d'amour, y sembe que l'feu est à la maison; sa mère veut prend' ses intérêts, et j'sommes toujours ensembe com' chien et chat. » Le baron s'adressa à la jeune fille : « Vous aimez donc bien Henri?

— » Oui, monsieur, » répondit Cecile, en faisant la révérence et en cachant de son mieux avec ses mains et son tablier, une petite rondeur déjà très-apparente, et qui servait de preuve à l'accusation de son père.

— » Et croyez-vous qu'Henri vous aime?

— » Oh oui ! monsieur ; le pauvre garçon mourra de chagrin.

— » Il ne faut pas qu'il meure, Cecile, et je ferai mon possible pour empêcher ce malheur. » (Cecile fit encore une révérence, et Mathurin tenant toujours son bâton, tira le pied et ôta son chapeau). La baron continua : » Ecoutez, Mathurin, dans huit jours j'épouse madame de S... ; si vous voulez, le même jour, Henri et votre fille seront unis ; j'ai une terre à quinze lieues d'ici, il y a une ferme dépendante du château, j'y mettrai les jeunes gens, je leur ferai présent de la première année, et je leur donnerai en outre cinquante louis : voyez, mon cher, si cet arrangement vous convient. » On pense bien que Mathurin ne se fit pas prier. Le baron envoya Cecile chercher son amant. Pendant qu'elle y était allée, le marquis, las de chasser, vint rejoindre son gendre futur. Celui-ci lui apprit en peu de mots ce qui venait de se passer ; M. de ... ne put s'empê-cher de rire de cette aventure ; néanmoins, il donna de grands éloges à la générosité du baron. « N'exaltez pas tant cette action, lui dit le jeune homme, rappelez-vous les derniers momens du com-te, et vous verrez alors combien j'ai peu de mérite. Pendant cette conversation, Cecile parut avec Henri ; c'était un grand garçon de vingt-deux ans, assez bien fait et beaucoup moins rustique que ses compatriotes. M. de ... trouva que la petite avait un bon goût ; Cecile et son amant rougirent (car au village on rougit encore quelquefois), et le baron , pour mettre fin à leur mutuel embarras , proposa à Mathurin et au jeune couple de venir avec eux jusqu'au château ; il brûlait de présenter à son amie , les heureux qu'il avait faits.

Ils devancèrent donc le reste de la chasse, et arrivèrent tous les cinq. Le marquis en arrivant se plaignit de la maladresse du baron. « Ecoutez, lui dit ce dernier, pendant que vous couriez le lièvre , Mathurin poursuivait sa fille ; je me suis trouvé là assez à tems pour empêcher un malheur , et pour réunir le père avec ses enfans ; croyez-vous que mes prouesses ne valent pas bien les vôtres.»

Il raconta aussitôt ce qui lui était arrivé, et présenta aux deux dames ses protégés qu'elles accueillirent fort bien ; Blanche sur - tout fit beaucoup de caresses à Cecile, et quelques larmes qu'elle se hâta d'essuyer, firent voir à la famille qu'elle se ressouvenait qu'une pareille faute avait causé tous ses malheurs. Du reste, elle ratifia volontiers la parole que son amant avait donnée de faire célébrer le mariage des jeunes gens, le même jour que le sien.

Ces deux dames firent un petit présent à Cecile, ensuite on les congédia. Après le départ des paysans, toute la famille songea à se mettre à table ; ils en furent empêchés par Valentin qui entra précipitamment. « Monsieur, dit-il au baron, vous m'avez promis bien des fois de récompenser mon zèle et mon affection, lorsque vous seriez en état de le faire ; je viens vous sommer aujourd'hui de me tenir parole : quoique déjà vieux, je pense à me marier.

—» Vous marier ! » s'écrièrent-ils tous à-la-fois.

— » Et oui, sans doute, dit Valentin, j'aime de tout mon cœur mademoiselle Thérèse ; ses bonnes qualités m'ont attaché à elle ; elle a trente-six ans et n'est pas effrayée de me voir à ma soixantaine. Ainsi, monsieur, donnez votre consentement à ce mariage, vous ferez deux heureux de plus.

— » Je ne demande pas mieux, dit le baron, si Thérèse y donne les mains et que la comtesse y consente. Blanche assura qu'elle serait charmée d'être témoin de leur bonheur. On fit venir Thérèse, pour avoir son avis ; elle avoua qu'elle consentirait sans peine à épouser Valentin. Tout le monde ainsi d'accord, on arrêta leur union pour le même jour des deux autres.

CHAPITRE XVIII.

Les trois mariages.

LE jour si longtems désiré arriva
enfin ; les habitans de S... appor-
tèrent une couronne à la comtesse,
et le plus âgé d'entre eux la haran-
gua à sa manière en la lui présentant. Elle leur témoigna combien elle était sensible à leur atta-
chement, et elle leur annonça que
ce jour était une fête générale ;
qu'on avait fait préparer dans une
gallerie du château , des tables
pour les recevoir, et qu'ils y trou-
veraient toute la journée du vin
et de la bonne-chère à discrétion

Tout le village fut joyeux en apprenant cette bonne nouvelle, et la députation se retira en comblant de bénédictions la comtesse et son époux.

Les trois mariages furent célébrés en même tems : au retour de l'église , Henri , sa jeune épouse et leurs familles voulaient se retirer, pour aller rejoindre leurs compatriotes ; mais Blanche ne voulut pas le permettre, et exigea que toute la noce vînt dîner avec eux. Valentin et Thérèse furent admis ce jour-là à la table de leurs maîtres. Le baron et son épouse firent tous leurs efforts pour mettre ces bonnes gens à leur aise ; ils y réussirent si bien , qu'une parfaite égalité régna pendant cette heureuse journée entre le

seigneur et les vassaux ; M. de...
lui-même, et son épouse, oubliant
pour un instant leur fierté naturelle , s'unirent sincérement à la
joie générale.

Après le repas, tout le monde
se réunit, et comme il faisait un
tems superbe, on dansa dans le
parc. Thérèse cependant avait ima-
giné une surprise flatteuse qu'elle
voulait causer à sa maîtresse :
elle quitta pour un moment la
foule , et ayant habillé Amédée
en Amour , et lui ayant mis dans
les mains des guirlandes de fleurs,
elle l'amena dans l'assemblée , et
l'instruisit si bien de ce qu'il devait faire , qu'au moment où les
deux époux dansaient ensemble,
il parut tout-à-coup et les enchaî-
na avec les guirlandes que sa

bonne lui avait données. Il accompagna cette action d'un petit
compliment qu'on lui avait appris, et qu'il balbutia avec grace.
Le baron et son épouse tournè-
rent vers leur enfant leurs regards
attendris , et lui firent les plus
touchantes caresses. Ce moment
fut pour eux le plus délicieux de
cette heureuse journée : elle s'é-
coula avec autant d'agrément qu'il
était possible de l'espérer. Le soir
vint combler le bonheur des trois
époux , et assurer au baron la
possession de celle qu'il avait si
longtems adorée sans espoir.

CHAPITRE XIX.

Conclusion.

Ces deux époux jouirent depuis l'instant de leur mariage, d'une félicité pure : la naissance de deux enfans vint encore l'augmenter ; elle fut cependant troublée par la mort du marquis de..., dont la conduite, depuis le second mariage de sa fille, avait fait oublier tous les torts. On le regretta, comme s'il eût toujours bien agi. Madame de..., depuis la mort de son époux, ne quitta plus sa fille, pour laquelle elle avait pris les sentimens qui lui étaient dus.

Le père Robert ne trouvant plus d'obstacle, vint aussi habiter S..., qu'il avait fui constamment, tant que le marquis avait vécu. Aucune instance n'avait pu lui faire pardonner à son ennemi les maux qu'il avait soufferts. Il apprit gaiement qu'il avait cessé d'exister, et il arriva chez son fils au moment où on l'attendait le moins.

Blanche l'accueillit comme le père d'un époux chéri, et lui fit des reproches de ce qu'il les avait si longtems abandonnés. « Vous en savez la raison, lui dit son beau-père, je ne vous ferai pas l'injure d'en parler davantage : jouissons en paix du présent, et ne pensons plus au passé. Madame de... trouva qu'il avait raison, et tout le monde reprit sa

sérénité ordinaire. Le souvenir du
comte venait quelquefois se mêler à leurs entretiens, et la baronne donnait une larme à sa mé-
moire: « Il jouit de mon bonheur,
disait-elle ; il ne souffrit jamais que
de me voir malheureuse. »

Les deux jeunes gens que le baron avait dotés , et envoyés à
Coulanges , n'avaient par encore
vu le fruit de leur union. L'enfant dont Celile était enceinte , au
moment de son mariage , était
mort avant que de naître : une
chûte de sa mère avait causé cet
accident. Depuis ce tems , son
mari et elle désiraient avec ardeur qu'elle devînt grosse une seconde fois : leurs vœux furent enfin exaucés ; ils s'empressèrent
d'en faire part à leurs bienfaiteurs,

et leur exprimèrent la satisfaction qu'ils auraient , s'ils voulaient nommer leur enfant.

Après tout ce qu'ils avaient fait pour ces jeunes gens , nos héros auraient eu mauvaise grace de refuser cette faveur , aussi l'accordèrent-ils sans balancer , et toute la famille partit pour Coulanges , qu'on ne connaissait encore que de nom.

Quand on sut dans le village que le seigneur et sa famille étaient près d'y entrer , le curé , à la tête de tous ses paroissiens , alla audevant d'eux , et adressa au baron un discours de sa façon , pour lui prouver le plaisir que ses vassaux ressentaient de le voir au milieu d'eux. Le baron y répondit avec esprit , et signala son arrivée à sa terre par de nombreux bienfaits : il alla même jusqu'à abolir sur-le-champ le droit de corvée dans toute l'étendue de son domaine ; grand exemple pour nos riches du jour, qui ne font aucun bien, mais encore s'abreuvent à loisir de la sueur du malheureux, en rendant chaque jour les travaux de ceux qui leur sont assujettis, plus difficultueux, ou en retenant leur salaire ! Je quitte mes réflexions à ce sujet ; à chaque pas, le lecteur pensant trouvera assez à en faire.

Il sembla que l'arrivée de ses maîtres eût porté bonheur à Cecile ; elle accoucha très-heureusement d'une fille, que la baronne et son beau-père nommèrent ensemble. Coulanges était plus agréa-

blement situé que S... , aussi
toute toute la famille s'y plut-
elle beaucoup. Après y avoir passé
trois mois, on retourna à S...,
en emportant les regrets de tous
les habitans de Coulanges. A leur
retour, les paysans de S... mon-
trèrent autant de joie que leur
départ avait causé de tristesse.
Leur tems, depuis cette époque,
se partagea toujours entre ces deux
endroits ; car Blanche ne voulut
jamais revoir ni Paris, ni le château de..., qu'elle regardait avec
raison comme le théâtre de ses
malheurs.

Après tant d'orages, nos héros
jouirent enfin d'un bonheur que
l'orgueil du marquis avait si longtems traversé. Que les parens ap-
prennent par cette histoire, que

2. 14

si leurs enfans leur doivent une
aveugle obéissance , ils ne doivent pas , par les sots préjugés
d'un orgueil plus sot encore , les
exposer à des malheurs quelquefois sans remède.

F I N.

TABLE.

2. 15

Fin de la table du dernier volume.

www.ingramcontent.com/pod-product-compliance
Ingram Content Group UK Ltd.
Pitfield, Milton Keynes, MK11 3LW, UK
UKHW021633170726
13836UKWH00005B/2175